A FIELD GUIDE TO
PRODUCT MANAGER

产品经理
战地笔记

范艺聪 著

机械工业出版社
CHINA MACHINE PRESS

时下流行着一种说法——"人人都是产品经理"。事实恐非如此，毕竟真正优秀的互联网产品并不多，产品设计的成功与否，归根结底取决于产品经理能否从人性出发，洞察用户真实需求，这对于受过专业训练的产品经理而言都是一个不小的挑战。本书作者是在阿里巴巴工作十余年的高级产品专家，作者以当下人们耳熟能详的产品为例，从构建用户心理账户、群体互动机制、奖励机制、会员体系、大促营销等层面系统阐述了产品经理应如何体察用户动机，顺"性"而为，在理解用户的基础上理顺产品思路，不断改良产品体验。同时，作者精炼总结出从业以来的实战经验，并探讨了产品经理的成长路径，不啻为产品人"打怪升级"的路书。

图书在版编目（CIP）数据

产品经理战地笔记/范艺聪著. —北京：机械工业出版社，2021.10
ISBN 978-7-111-69197-6

Ⅰ. ①产… Ⅱ. ①范… Ⅲ. ①企业管理－产品管理 Ⅳ. ①F273.2

中国版本图书馆 CIP 数据核字（2021）第 192781 号

机械工业出版社（北京市百万庄大街 22 号　邮政编码 100037）
策划编辑：侯春鹏　　责任编辑：侯春鹏　李佳贝
责任校对：孙莉萍　　责任印制：邸　敏
三河市国英印务有限公司印刷
2022 年 1 月第 1 版第 1 次印刷
148mm×210mm・6.875 印张・2 插页・142 千字
标准书号：ISBN 978-7-111-69197-6
定价：59.00 元

电话服务　　　　　　　　网络服务
客服电话：010-88361066　机　工　官　网：www.cmpbook.com
　　　　　010-88379833　机　工　官　博：weibo.com/cmp1952
　　　　　010-68326294　金　书　网：www.golden-book.com
封底无防伪标均为盗版　机工教育服务网：www.cmpedu.com

自 序

产品经理眼中的世界永远"千疮百孔"

做了十多年的产品经理,我常常在想,一个产品人最核心的、能跟其他行业的从业者相区别的特质是什么呢?于是我先审视了一番自己在一些典型生活场景中的内心活动:

- 开车从车库出来,会特别留意交叉口有没有提前指示出口的方向,结果大多数情况是,稍不留神就会走错路。对于出口这么高频的动线,我常常怀疑设计地下车库的人有没有自己亲自开车走一遍;
- 住酒店的时候,会特别留意纸巾和垃圾筒的摆放位置。经常碰到的情况是,在卫生间洗脸后,顶着沾满水的脸和半眯着的眼,去房间找纸巾。同样,在房间使用完纸巾,得跑到卫生间扔掉,这样的非人动线,也让我怀疑酒店的室内设计师到底有没有从客人的使用场景去考虑过;
- 内衣的水洗标和身体的摩擦会让人奇痒无比,为什么不能把水洗标设计到内衣外侧?每次用剪刀拆标时,手残的我经常把内衣一同剪破;
- 纸质笔记本左半边因为不平整,导致很难下笔书写,常常被荒废在那里；
- 地铁上的座位和扶手都非常光滑，一旦刹车或加速，你的肢体很容易移位，然后与其他人发生身体接触。多数人跟陌生人产生身体接触会引发强烈的心理不适，地铁设计者自己不坐地铁吗？
- 包装袋劲小了撕不开，用力过猛会直接把一包零食撕成天女散花。

这些生活中在很多人看来不起眼也不重要的小事，还是会让我频频感到气馁，难道我们不值得被这个世界更好地对待吗？

我多次去日本旅行，直观感觉日本应该聚集了大量优秀的产品经理，或者说日本设计师本身就比较具有产品经理的特质。在那里我对于什么是认真和匠心，有了新的认识。

在日本，大到基础公共设施，小到一个日用品包装，这些产品服务背后的细节设计都让人回味。就拿穿越人行横道来说，除了有倒计时提醒之外，还有一个独特的设计——鸟叫声，东西方向的道路模拟杜鹃声"布咕—布咕"，南北方向的道路模拟小鸡声"啾—啾"，并且随着倒计时临近结束，鸟叫声会从缓慢变得急促，通过声音的变化方便视障人群，同时也提醒行人要加速通行。

再比如酸奶，打开盖，酸奶就会顺着盖子滑落到杯子里，是因为这种酸奶盖并不是普通的盖子，它模拟莲叶表面不沾水的原理制成，对比很多国产酸奶揭盖时必有一坨残留在盖子上面的体验,可以用"感人"来形容。

这种细节和匠心,说明这些产品背后有那么一群人在研究"人"的需求,不断地付出、修正、优化,最终才有了我们感受到的"被认真对待",这是一群怎样的人呢?我认为,这个世界上有一种人,他们与生俱来对生活的瑕疵容忍度极低,并希望能做出改变。而这群人,就是产品服务的设计者、缔造者,业内统称之为"产品经理"。

产品经理认为这是一个"千疮百孔"的世界

在产品经理的眼中,这个世界是极其不完美的。很多人会认为不完美是理所当然的,进而去选择适应它;而产品经理则认为这种不完美是不应该的,需要并且可以被修正。这类人因为"满足阈值"高,通常内心更煎熬也更不被身边的人所理解,但与其他人对生活环境"漠不关心""麻木不仁"的态度相比,他们更愿意去直面问题,用行动提升内心的满意度。当然,这种行动永无止境,因为修正一个问题之后,马上就会有其他问题冒出来。产品经理眼中的世界永远"千疮百孔"。

产品经理认为自己对这个世界负有责任

这种责任感是与生俱来的,并不需要别人去提醒或推动,自驱促使他们想要改变和完善。小到在产品设计过程中的不断完善、提升体验,大到直接创业给社会提供一个系统的解决方案。当下不少创业公司的老板都喜欢说自己是产品经理,我觉得更多是因为他们有这种对不完美的不妥协和去修正的责任心。

当看到这个世界的"千疮百孔",才造就了产品经理改变的心和行动,这也成就了许许多多优秀的产品。这些产品的共同特点是,它们都是从解决一个小的问题或某个痛点开始的。

支付宝以中间担保账户解决了网上购物买卖双方的信任问题;

微信延伸了人们的网络通信方式——语音和视频通信;

钉钉让人们在无网络情况下也能开免费的电话会议;

Facebook拓展了校园交友的新形式;

不沾盖的酸奶解决了人们撕完盖还要舔酸奶的问题;

人行横道变化的鸟叫声解决了行人过马路的交通安全问题。

不管是互联网产品,还是现实世界的产品,它们无一不是为解决一个切实的问题而诞生的。这里所说的产品可小可大,大到一座城市,甚至是一个国家,小到一个App,一项职能改进,都可以看作一个产品。例如,杭州市政府推出的办事"最多跑一次"就是一个优化后的公共服务产品。

曾经一度,"情怀"成了一个被调侃的名词,但我觉得用"情怀"来概括产品经理的特质再合适不过了。"情怀"应该理解成对世界充满了同情和关怀,正是出于这样一种朴素而坚定的情感,让我们作为人的尊严能得到温柔的对待,让我们可以活在一个更加完善、日益接近完美的世界。

期待世界上有越来越多的产品经理,他们的职业可以是政治家、创业家、医生、律师、教师,等等,他们共同的特点是眼里总能看到"千疮百孔"并且觉得自己有责任去改善。有了这群人,你会莫名地觉得世界充满安全感和善意,你总能不经意地发现周边越来越好而不是越来越糟糕。

终有一天,你也会碰到一些生活和工作中的不便和瑕疵,但你不必担心,因为你知道有个产品经理正在来的路上。

— 目 录 —

自序 产品经理眼中的世界永远"千疮百孔"

第一章 "我的"心理账户 ································1
避免产品昙花一现:构建"我的"心理账户壁垒 ·······2
不要轻易帮用户做决定 ·····························6
从打扰到打动:以"我"为中心的设计 ···············12
"小红点"里的大学问 ······························17
"投喂式"与"挑选式"视频流:用户心理诉求的表达 ·····24

第二章 群体的"互动"机制 ·····························31
基于消息的用户运营动线:微信的启示 ···············32
集体参与的求胜心:快手直播PK ····················39
用户个人年度报告狂欢背后的社交货币 ···············43
西贝沙漏:构建自监督的平台机制 ···················48
微信7.0改版的启示:下线的"时刻视频"和"好看" ·····54

第三章 奖励机制与用户行为 ····························61
金钱奖励与用户行为的共舞 ·························62
平衡买卖双方:淘宝逆向交易成本降低策略 ···········67
人性面前产品的舍与变:下线的退货邮费 ·············72

维权入口的开闭抉择……75

第四章　会员的"沉默成本"……79

一张图读懂会员体系……80

星巴克的会员卡……88

肯德基"大神卡"神在哪里……94

第五章　大促营销的变与不变……101

"双11"大促的前中后控场节奏……102

天猫历年活动玩法变化中的启示……107

春节红包大战的复盘与透视……112

购物车里的大原则和小场景……118

第六章　产品经理的实战技巧……123

开展用户访谈的8个正确姿势……124

产品的顶层动线设计……128

如何构建难以复制的"护城河"……135

从idea到交互的设计原则……138

MVP最小可用产品的设计之道……144

产品设计的必备要素——以B端产品为例……149

正确对待用户反馈——来自"分类"的启示……152

产品上线前的检查清单……157

如何评估产品上线效果——"4+2"……163

产品出现重大故障的应急处理……169

第七章 产品经理的定力养成 ············ 173

产品经理需要具备哪些天分 ············ 174

用户型、商业型、平台型、硬件型产品经理的区别 ······ 178

"产品狗"和"程序猿"的相处之道 ············ 183

"产品狗"和"运营喵"从相杀到相爱 ············ 187

产品经理常犯的 7 个错误 ············ 191

你有产品"定力"吗 ············ 196

后记 产品设计——与人性对话的艺术 ············ 201

第一章
"我的"心理账户

A FIELD GUIDE TO
PRODUCT MANAGER

避免产品昙花一现：构建"我的"心理账户壁垒

很多 C 端产品曾经风靡一时，但随着时间的推移，热度迅速下降，很快被用户遗忘，这种"昙花一现"的现象很值得产品经理深思。

不同于 B 端产品，C 端产品的用户是个体，所做的决策是由个人意志决定的，喜欢就用，不喜欢就删除，有非常大的随意性。而 B 端产品的使用由企业管理层决定，个人只是执行者，即使再难用也得咬牙坚持。所以，B 端产品的一大特征是"引入难，留存易"，C 端产品则正好相反——引入容易，留存难，这正是不少 C 端产品火起来之后又快速"熄火"的原因所在。

那么，对于 C 端产品来说，除了在引入用户方面做出新颖、有趣、打动人心的设计之外，如何让用户持续不断地使用从而留存下来，是摆在 C 端产品经理面前的一道难题。

回想下在日常生活中，为什么我们的手机号不会随意更换？为什么我们会随便丢掉一件衣服却从来不会丢掉相册？原因就在于手机号代表的是和这个世界已经建立起来的"连接"，更换号码就意味着"连接"的断裂，断裂对用户而言意味着"成本"和"失去"。同样，相册代表的是过往经历，承载了情感和记忆，是与过去的人和事的"连接"，丢掉相册也意味着"断裂"和"失去"，这与常换常新的衣服显然不同。

因此，不管是关系，还是情感，它们都是一个人的"心理账户"，这个账户中托管着用户最重要的"情感资产"。随着时间的推移，这个账户积累的情感关系越多，用户就越不可能将它们丢弃。

回到 C 端产品的设计上，也是同样的道理，尽可能地去围绕用户的"心理账户"构建使用场景才可能最大程度做到留存用户。

总结起来，心理账户包括关系账户、兴趣账户、消费账户。

关系账户

关系代表了我们与这个世界的"连接"，是向外求。亲人、好友、同事、同学、粉丝等，是人在不同面的不同关系。盘根错节的关系编织成一张网，网的节点越多越密，用户越不容易出去，就像微信的好友关系，快手的"老铁"关系（主播和粉丝的关系）。

兴趣账户

兴趣代表的是个人喜好，是用户慰藉内心深处的良药，是向内求。用户的每一次点击行为、浏览行为、停留时长和所对应的内容，形成每一个个体的兴趣标签。比如基于个人喜好的抖音视频流推荐、头条资讯流推荐、QQ 音乐推荐、淘宝商品推荐等。

消费账户

用户的消费账户，实质上是与外界发生交换流通的账户，日常生活中的吃、穿、住、行等开销，都是从消费账户支出。

狭义的消费账户是指资金支出的账户，比如支付宝、微信支付。当年微信力推的滴滴出行，目的之一就是为了将用户的银行账户和微信绑定，让微信这款单一的社交工具同时成为用户的消费账户；再比如历年春节各大 App 争相发送红包，其核心诉求也是在红包提现时，引导用户绑定个人银行账户，成为连接用户的消费账户。

广义的消费账户则不局限于支付，而是从更高层面去构建用户的消费户头，比如会员卡，通过会员账户的优越性，让消费者能享受到打折优惠，使商家的产品成为用户面临众多选择时的首选。

让我们一起来分析，目前市值名列前茅的互联网公司，腾讯、阿里巴巴、美团、拼多多、快手、字节跳动，它们分别在构建用户的哪些心理账户。

	关系账户	兴趣账户	消费账户
腾讯	微信好友 QQ 好友	微信的视频流 关注的订阅号	微信支付
阿里巴巴	钉钉的同事关系	手淘（手机淘宝）首页基于兴趣的商品流推荐	支付宝 手淘的 88VIP 考拉的黑卡会员
美团	/	/	基于本地化的到店和到家消费账户
拼多多	/	/	便宜低价消费账户

（续）

	关系账户	兴趣账户	消费账户
快手	主播和主播的关系（直播 PK）；主播和粉丝的关系	基于兴趣的视频流推荐	观看直播消费（快手小店）
字节跳动（抖音）	/	基于兴趣的视频流推荐	观看直播消费（抖音小店）

基于这个底层逻辑，我们可以看到，各大互联网公司都在不遗余力地构建它们各自的关系账户、兴趣账户和消费账户，覆盖的用户账户越多，用户的黏性越高，最终所形成的账户壁垒将直观地体现在市值的高低上。

当然，并非要靠一个产品大而全地涵盖这三个账户，只要能满足其中之一，就已经非常不错了。在设计 C 端产品的时候，如果不想让它昙花一现，就请停下来多些思考，它能满足"我的"哪个心理账户？

不要轻易帮用户做决定

在日常的产品设计中，从前我经常会纠结，到底该不该帮用户做决定，最典型的比如：要帮用户"默认"勾选吗？要帮用户在输入框"默认"填写内容吗？

以某电商平台的下单页为例，同在一个表单里的两个勾选框，却有不同的处理方式，"我已同意定金不退等预售协议"需要用户主动勾选确认，而"匿名购买"则自动帮用户勾选好。

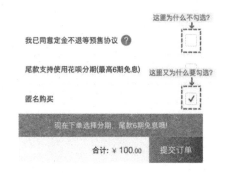

从最小操作成本考虑，自然是帮用户都勾选了最轻松，但有时候反倒会遭到用户的反对，这是为什么呢？

实践经验告诉我的是，不要轻易帮用户做决定。

准则一：重要事项须引起用户注意，避免事后产生疑问的情景，不要帮用户做决定。

举一个典型的例子，用户在网上退货时，一般会通过运费险来补偿退货邮费的损失，大部分平台的处理方式是在退货完毕后默默地将赔付的钱打给用户。且不说用户事后有没有注意已收到这笔款项,光是在申请退货时,用户就存有疑问,运费险怎么使用?我需要申请吗?什么时候理赔?因此,体贴的产品设计,应该在申请退货页面、寄回货物页面环节就运费险如何使用给予明确说明。尤其是在用户特别关注的资金、优惠券等利益方面,不要担心用户嫌麻烦,宁可让用户主动去选择,也比没有提前让用户参与导致事后产生问题强。

我们经常以极简为由去掉一些非主路径的设计,并自作主张帮用户做了决定,但这个世界本就是复杂的,理解复杂也是认知世界的一部分。

准则二:让用户主动选择,能更好地达成正向促进作用。

当一个活动需要用户积极参与时,有必要引导用户亲自点击报名,以便更好地达成活动目标。因为当用户主动报名后,就意味着承诺,人们的行为往往会倾向于和承诺保持一致,否则就会产生失调感,由此带来紧张、焦虑。在社会心理学中,这种现象被称为"认知失调",当两种想法或信念("认知")在心理上不一致时,我们就感到紧张("失调"),为了减少这种不愉快的感受,我们会自发地调整自己的想法。

举个例子,钉钉曾举办的"0元购机计划",在用户付费购买钉钉考勤机后,需要主动点击"报名参加",才会启动返现计算,而不是购买后默认用户参加活动,这样做使得用户有参与的仪式感并做出承诺——"我报名了活动,我了解了活动规则,我要努力完成这个活动"。

准则三：在私域类产品里，让用户主动去"关注"。

还记不记得，当我们注册了一些社交类 App 后，启动页常常会默默勾选一些红人、明星让我们去关注，背后的目的，美其名曰加速新用户冷启动、降低新用户流失，也许短期内用户出于好奇心，点击率似乎不错，但从长远看，这并不是用户真正感兴趣的内容，无关信息的过度干扰会使用户感到不堪其扰，慢慢离去。

举一个典型的例子，当我们注册微博后，启动页自动勾选了兴趣标签、网红博主，还不能一次性取消，这显然不是用户想要的，更多是平台想要的，背后原因也许是 KPI 导向所致。这时候企业应该要思考是不是 KPI 制定的有问题，或是实现 KPI 的路径有问题。

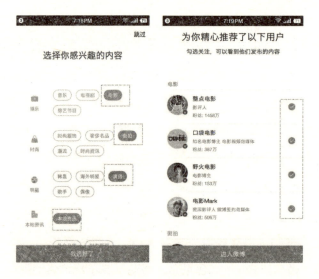

在私域类产品里,关注列表是"我的"资产。就像我们的包里只会存放自己需要的、喜爱的东西,不会允许别人在里面放一些杂七杂八的东西。

准则四:观察用户如何使用产品,为各种可能性留有空间。

常见例子是,当用户分享一个商品的时候,有些产品经理会自作主张,帮用户填上一句默认文案"我发现一个好宝贝,推荐你也来买哦",这样的推荐,只要受众看过 2 次以上,就会觉得推荐好虚假。如果一个人对商品的喜爱都到了推荐的地步,那他还在乎写个推荐理由吗?这样做表面上是帮用户节省了时间成本,实质是扼杀了用户之间的真实交流。

看下图的两个示例,同样是分享,微博和微信的不同处理方式哪一种更值得借鉴呢?

那么，什么情况下可以帮用户做决定呢？有两个简单的准则：

准则一：已经形成共识行为的，可以帮用户做决定。

比如注册时勾选"同意用户协议"，可以在法律允许范围内，简化成文案说明，无须用户勾选，参考下图：

准则二：以维护用户的利益为前提且无须用户参与的，可以帮用户做决定。

比如前文提到的"匿名购买"的默认勾选，目的是为了保护用户的隐私。

当然，如果实在拿不准，也可以让用户的主动行为投票。

观察用户如何使用产品，获得数据，用以逐渐迭代优化产品。最早淘宝的购物车商品是全部默认勾选的，后来在运营中发现，点击"取消全选"的用户占了大多数，这说明用户已经渐渐把购物车当作一个临时存储商品的工具，而不是纯粹的下单工具，所以这个时候应该果断调整，拿掉默认勾选。别担心所谓的下单转化率会受影响，用户的主动行为是最强有力的说明。

　　产品经理经常说的一句话是"产品设计要以用户为中心"，以用户为中心的真正含义，不是界面看起来越简洁越好，也不是让用户的操作越简单越好，而是真正把用户看成有自主意识的"正常人"，正常人是一个具备理性的人，有自己的思想和行为模式，想亲自体验感受世界万物，所以请不要轻易地帮他们做决定。

从打扰到打动:以"我"为中心的设计

打扰和打动,仅一字之差,然而产品设计的优劣也就在这一念之间。

打动

至今让我记忆深刻的瞬间,是在注册账号需要输入短信验证码时,按照往常习惯需要先退出当前界面,打开短信找到平台刚刚发送过来的验证码再复制粘贴,不想就在此时,我发现输入键盘上已经直接提取了验证码,只需轻轻一点,便能完成验证码的输入。那一刻,我的眼睛一亮。

所谓打动,就是恰到好处的出乎意料。

- 恰到好处

并不是每个消息推送(push)都是打扰,也并不是每个提醒红点都让人讨厌,关键在于做到恰到好处。

恰到好处是指对有需求的那个人,在适当的时间、适当的地点给予恰当的服务。

- 出乎意料

做了本应该做的，那不过是产品的本分，出乎意料则是指必须提供超出用户预期的体验。

记得去年我在东京逛伊势丹百货，乘坐自动扶梯的时候，电梯的第一、二个台阶会有绿灯亮起，提醒乘客不要踏空，我瞬间被这个设计打动。

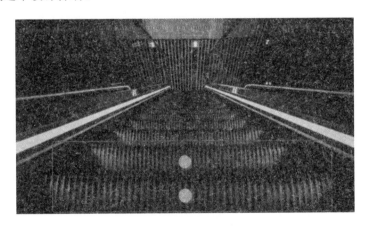

是否能出乎意料，是用户的主观感受，往往跟当前所处的产品阶段有极大的关系。一件原本出乎意料的设计，随着在更多产品上的普及也会变得本应该如此。假设每部电梯都配备了绿色亮灯，习以为常后大家还会被这个瞬间打动吗？当然不会。这就提醒了产品经理要永远追逐下一个"出乎意料"。

所以打动并不是一个恒定不变的状态，它需要设计者不断地去创造超预期的快感，来达到这种极致的用户体验。

很遗憾在日常生活中，我们能被打动的瞬间少之又少，更多的感受是被打扰,不间断的推销电话、狂轰滥炸的营销短信、无处不在的红包弹屏,以商业之名的压迫数不胜数。

打扰

不那么恰到好处,有时还不合时宜——给错的人,在错的时机、错的地点,推送不匹配的服务。

就像买房子,在看房阶段,每个中介的电话都不是打扰,买房人接到后还要请对方帮忙找合适的房源,但不买房的时候,不间断的推销电话会让人抓狂。

如何做到不打扰用户?

- 保持"克制"的产品理念

产品团队应该有自己的信仰和推崇的文化。体现在做事上,是追求快速地完成 KPI,还是正确地完成 KPI。"快速"意味着短期内通过一些手段达到目标但可能并没从根本上解决问题。"正确"意味着要找到那个核心场景或症结点,有穿透性地解决这个场景的问题,但需要较长时间的打磨和试错。产品团队应保持这份耐心和"克制"的产品理念。

- 从"我"出发的产品设计

以用户为起点,围绕用户的使用习惯、偏好、所在位置进行精细化场景设计。现在我们以一个用户全天活动的动线来看外卖 App 首页如何推荐菜品。首先从时间维度上看,用户分别在早上、中午、下午、晚上访问外卖平台时,App 首页呈现的必然是不同的餐食推荐，分别对应早餐、午餐、下午茶、晚餐，再晚就是夜宵；其次从地理位置维度看，App 会根据用户的所在地推荐附近受欢迎的商家；再从使用习惯、偏好维度看，优先推荐最近点过的店和最经常点的菜系。最终 App 给到用户的是由时间、地理位置、习惯偏好等多维度综合而成的菜品推荐。

我们最常见的"操作记忆"功能，也同样是典型的以用户为起点的产品设计，比如阅读微信公众号时，如果关闭文章后重新打开，锚点仍然是上次浏览时的位置；视频号看到一半上翻后再返回，也仍然是刚才观看的进度位置；当有多个下拉选项或多个标签（tab）切换时，下次访问时会默认上次选择的下拉项或标签，以上的操作记忆保障了用户使用的连贯性。当然，是否保留上一次的操作记忆还要取决于服务内容。

以"我"为起点的设计，会体察用户在使用产品情景中的想法，预测其下一步的动作，给用户最大概率的默认推荐。

- 有明确的"要什么"与"不要什么"原则

有一个很有意思的现象：微信的订阅号文章上，如果将关注按钮放在每篇标题或末尾处，用户看文章时，顺手关注岂不是更自然，为什么必须得点击订阅号名称，进去后才能关注？

而又是为什么将"不再关注"这种负向的引导放在订阅号首页突出的位置（见下图），产品经理这样做的勇气来自哪里呢？

这就是产品释放出的信号，有明确的"要什么"和"不要什么"原则。为了提高文章的质量，必须让"关注"订阅号成为一件郑重的事情,而让"不再关注"更加随意。这就给订阅号作者一个明确的信号:请敬畏手中每一次的发文机会,粉丝随时可能离你而去。

打扰和打动,一字之差,两种结果,愿每位产品缔造者能够克制再克制,让生活中闪现更多打动人心的瞬间。

"小红点"里的大学问

自从微信推出视频号,用户每天都会收到朋友点赞视频的红点提醒。从微信以往的设计理念看,对于红点的推送一向谨慎克制,为什么如今竟然将"朋友点赞过"的视频,用红点这么强烈的方式来提醒?

为了探究背后的原因,我们先来了解下红点的前世今生。红点在英文里又叫"badge",苹果为此还申请过一个专利,用于 App 的消息通知,并在《iPhone 人机界面指南》中提到:"红点是用最小打扰方式提示用户有新内容可查看。"⊖

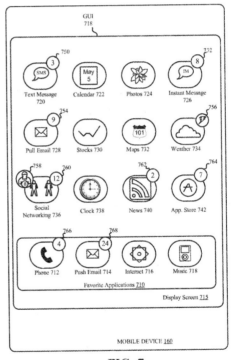

FIG. 7

⊖ 原文是:"Badging is the least intrusive way to tell users that there is new content they might be interested in."

现在,红点已经衍化成以下几类:

- 基础红点:用于普通的消息通知;
- 数字红点:用于重要的消息通知;
- 文字红点:一般用于活动提醒,由运营人员"圈选特定人群"定向投放。

以支付宝首页为例:

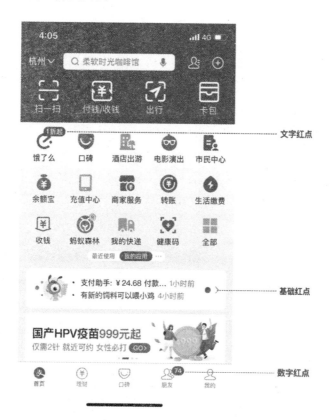

在我们的日常生活中,几乎每天都有一个必做的动作——消红

点,就跟刷牙洗脸一样例行公事。

为什么用户会如此热爱"消红点"?

首先,红点是给用户的消息通知,为了不错过重要消息,用户会本能地点进去查看。

其次,从美感上,人们更愿意追求界面的和谐统一,而红点的出现打破了界面的"平静",所以人们会不自觉地去消红点,以消除这种不和谐带来的焦虑感。

各类 App 正是利用了红点对于人的这种影响,来达到有效触达用户并形成转化的目的。如今,红点已经成为 App 标配的组件之一。

那么,在设计红点上,有哪些需要重点关注的问题?

- 不同业务时期的选择

红点不单纯是产品设计问题,同时也关乎业务选择,我们以微信在订阅号、服务号、视频号上的红点策略为例,来剖析其中的设计思路。

订阅号:每天最多允许推送 1 篇文章,订阅号在早期是用数字红点提醒用户未读数量,后面随着用户关注的公众号越来越多,微信取消了数字红点,改为基础红点提醒。

服务号:每周最多允许推送 4 篇,它跟聊天消息并列出现在消息列表里,之所以放在如此重要的位置,是因为微信在重点拓展机构、零售等线下支付类商家,将这些商家的线下消费流量聚合到微信服务号,通过线上去触达、服务用户,形成二次转化。

视频号：朋友点赞了视频，就会有红点提醒。

透视微信的订阅号、服务号、视频号的消息发送规则和红点选型，我们不难看出，红点设计不仅仅是关乎用户体验的事情，更多地还要看业务发展到什么阶段，不同阶段的产品策略是不同的，就像订阅号从数字红点调整为基础红点；同时，不同的业务目标对应的策略也是不同的，就像微信要联动线下商家，才会将服务号放在重要的位置，甚至不惜牺牲部分用户体验。

- 红点出现策略

从上面的例子可以看出，红点承载了各种各样业务的消息通知，由于每个业务的场景都是不一样的，所以要根据场景来设计发送规则。同时为了不让整体的红点推送失控，需要有一个总体的策略，比如设定各个场景消息的优先级，控制整体最大的发送量,来平衡业务目标和用户体验。

- 路径持续不丢失

红点需要保持引导路径持续一致,在首页展示的红点,在二级页面要有承接,三级页面同理,直到用户访问到最终的页面为止,不要走着走着红点就消失了,让用户猜测目标内容到底在哪里。

- 红点消失策略

根据提示的重要程度,红点消失策略一般分为以下几种:

(1) 曝光后消失:只要红点所在页面曝光过即消失,一般用于比较弱的引导提示;

(2) 点击后消失:用户点击后即消失,用于偏运营类的提示;

(3) 终点消失:只有点击到最终引导的路径页面,前面页面的红点才能消失,用于强提示通知,这里请一定要注意上文提到的路径持续不丢失。

(4) 一键清理:当有大量红点消息出现,且用户不想一一查看时,提供一键消除所有红点的工具。

一键清理属于事后补救的措施,当红点多到用户提不起兴趣时,那一定是消息发送机制出了问题,此时产品经理要回归到消息本身去反思,是不是发送量太大,是

不是消息质量有问题导致的。

- 红点带来的数据效果如何评估

随着红点被越来越多地滥用，用户对红点是又爱又恨，爱是想看到重要的消息，恨是由于营销类的红点实在太多，尤其是有强迫症的人更是受不了红点的存在，所以每天的例行动作就是消红点，消完退出。

对于 App 产品来讲，运用红点必定会带来更多的访问量和点击量，但千万不要被这种繁荣数据的假象所迷惑，应该冷静分析用户点击红点后的停留时间有多长、事后的访问频次有多少，再得出客观的结论。

为什么用户越来越反感红点？

究其根源，是因为业务目标与用户目标冲突所致。业务目标是访问量、转化率，用户目标是不错过重要信息，业务目标是追求量，用户目标是追求质，这就是矛盾所在。

针对这一点，很难实现真正意义上的平衡。当产品夹在用户满意和业务目标中间必须要做出选择时，我的建议是先理解业务目标，根据业务目标去分解每个阶段的重心。比如，第一阶段的重心是引流，这时候，针对目标用户推送红点就是合理的。如此回到产品设计层面，就不至于纠结了。

至此，终于可以回到我们在本小节开始提到的问题：微信一贯保持了克制的风格，如今为什么也开始放"大招"了？朋友点赞过的视频都要动用红点提醒，我想核心原因还是由于在用户使用微信的时间被抖音、快手分走的情况下，发展视频号成为腾讯当前的战略选择，所以牺牲部分用户体验来发展视频号成了当前微信必须要做的事情。

当然，目前视频号还处于冷启动引流阶段，随着引流过来的用户关注的视频号越来越多，也许视频号的红点下发规则就会发生变化，比如关注的视频号更新了才会有红点提醒。

最终，回归到服务用户的本质，我们要做的是利用红点对人在心理和视觉上的强影响特点，对有需求的人，在适当的时间、适当的位置，推送恰到好处的红点。当然，在必要的时候，也得阶段性地向业务目标妥协。

"投喂式"与"挑选式"视频流：用户心理诉求的表达

一个不可回避的趋势是，用户在手机上消费视频的时间越来越长，并且这个趋势将长期存在。QuestMobile 数据显示，截至 2020 年 6 月，我国短视频用户日均使用时长 110 分钟，按睡眠 8 小时+工作 8 小时+休闲 8 小时的时间划分，短视频占据了人们近 1/4 的休闲时长。

内容流式的发展

回顾互联网的内容流式发展，从最早的 Twitter 140 字的文字流，到 Instagram 的图片流，再到如今的抖音、快手视频流。虽然内容载体从文字到图片再到视频流不断演进，但它们的共同特点是通过 feeds 流的无限下拉，让用户上瘾。

feed 中文即"喂养"，顾名思义，feeds 流即向用户投喂内容。总结近几年互联网 feeds 流的发展，呈现出三个典型趋势：

- 碎片化

内容碎片化，有严格的字数和时长控制，比如最初微博最多发表 140 个字，抖音普通用户最多发布 60 秒视频，这么做的目的是为了减轻内容生产者的创作难度，同时降低内容消费者的信息负载，实现快餐式制作和快餐式消费。

- 富媒体化

从文字到图片再到视频的趋势发展，feeds 流投喂的载体不断富媒体化。我们都知道，人脑处理文字是通过检索并加之想象力来进行消化的，而图片和视频则是直观地通过视觉和听觉被动式获取，大脑无须主动进行信息加工处理，富媒体化迎合了大脑处理信息的惰性。

- 沉浸式

只要用户对内容感兴趣，瀑布流式的布局可以一直让用户向下翻，进入沉浸式体验，忘记时间的存在。

未来的内容表达方式将更短、更立体。面向未来的趋势，视频的流式如何设计更符合用户的心理诉求？在选型前，我们先了解两种最典型的视频流式设计。

挑选式和投喂式视频流

一般视频流有两种形式，挑选式和投喂式。

第一种：挑选式视频流

通过列表视频流的展示，由用户选择感兴趣的观看。包括两种具体呈现方式：

- 抽屉式

用一个形象的比喻，它就像一个五斗柜一样，用户拉开抽屉，关上，再拉开下一个抽屉。典型的比如快手的"关注"视频流，用户需要点击，返回到列表，再点击。

- 陈列式

陈列式不像抽屉式那样需要拉开再关上,而是跟随用户的滑动自动打开关上。从用户体验上来讲,一定是陈列式视频流更好。但它也有劣势,由于是滑动即观看,为了使观看体验更好,所以它的占屏面积比较大,这样会使得一个屏幕呈现的视频数量有限,相应地,用户的选择余地会减少。所以,陈列式对于内容投放的准确度要求更高。

快手的抽屉式视频流

微信的陈列式视频流

第二种：投喂式视频流

顾名思义，用户不需要选择，被动接受投喂即可，典型表现形式是通过全屏播放，弱化顶部底部应用栏（bar），给用户沉浸式的观感体验，让人进入忘我的心流状态。

假设你要做一款视频流的产品，你会如何选型？

- 长与短

长视频的消费时间成本高，用户消费前需要慎重选择。最典型的比如 B 站的视频流，少则十几分钟，多则 1 小时以上，用户在决定看一个视频的时候，观看成本很高，所以适合用挑选式视频流；而短视频则不同，仅仅几十秒，用户不感兴趣翻下一个的成本也不高，所以适合用投喂式视频流。

- 娱乐性与功能性

根据内容和用途，我们把视频分成两类，一类是不需要思考的娱乐性视频，是被动接受的；一类是需要大脑进行深度学习

抖音的投喂式视频流

的，称为功能性视频。对于功能性视频，一般用户看 3 个左右基本就掌握了要领，没必要持续推荐，更重要的是引导用户主动探索挑选新的内容领域。所以，娱乐性视频适合采用投喂式视频流，功能性视频更适合挑选式视频流。

- 高命中与低命中

视频流一般基于用户的兴趣推荐，推荐的精准度取决于供给的丰富度和平台收集用户数据的能力。在初期供给不够丰富、用户的兴趣标签数据积累不够多的时候，适合用挑选式视频流，给用户更多主动选择的机会；当供给量和用户偏好数据越来越丰富时，推送命中率相对变高，这时候可以选择用投喂式视频流，这也是张小龙在微信十周年演讲中提到的"视频个数和命中率成反比"的原因，核心在于供给的丰富多样性和推荐的相关性。

回归到场景验证

一般来讲，视频 App 基于内容性质分为知识类和娱乐类两种。对于知识类视频 App，其内容更偏功能性的视频，用户只需观看几个视频即可快速完成某个领域的知识学习或技能掌握，比如 Excel 的按列查找功能，多看两遍视频你就会用了。为了降低信息茧房效应（指人们关注的信息领域会习惯性地被自己的兴趣所引导，从而将自己的生活桎梏于蚕茧一般的"茧房"中的现象），平台会更多地引导用户去学习了解其他知识或技能，并且知识类内容一般须经用户的主动定向选择，所以平台会更注重内容广度的推荐，通过一页较多条视频的呈现方式供用户自主抉择。典型的如知乎的视频流就采取了挑选式，而主要走娱乐路线的抖音则是投喂式。

基于关系的视频流一般包括："关注""同城""朋友""推荐"。

- 关注

内容关注通常基于大V和粉丝的关系或者熟人关系。一个不容忽视的现象是，基于关注会连续性地出现同一个po主（发布者）的多条视频，但并不是每条都能让用户产生兴趣，如果连续性地投喂，往往容易让人产生厌倦心理，也就是命中率较低。所以关注类视频流一般会采取挑选式，交由用户主动选择，典型的比如快手的关注视频流列表。但我最近发现，微信新版视频号将关注视频流从挑选式改成投喂式，背后原因或许是微信对用户关注的内容的丰富度有足够信心，并且能够结合相关性策略来提升其投喂式视频流的命中率。

- 同城

同城是基于地理位置的视频流推荐，主要抓住用户的猎奇心理，但视频流内容本身与用户的兴趣关联度并不大，所以它的命中率会很低，一般会采取挑选式视频流。

- 朋友

这是基于社交关系衍生的朋友点赞的视频流。那么，每个朋友点赞的视频都是我们感兴趣的吗？随着微信朋友圈从"熟人关系"向"通讯录泛关系"的演变，每个"朋友"点赞的视频并不一定是我们想看的，所以，朋友点赞的视频流，一般也采取挑选式。

- 推荐

推荐是投其所好，用户喜欢什么，就给用户推送什么内容，就像《上瘾》一书中提到的，通过"多变的酬赏"让用户上瘾，让用户永远期待下一个未知的视频是什么，用户就会不自觉地去产生滑动翻看的行动，所以推荐场景更适合投喂式视频流。

以上是关于挑选式和投喂式视频流选型的分析，当我们在设计一款视频流产品的时候，要基于内容的供给量、内容的性质（娱乐性/功能性）、用户的兴趣度、生产者和消费者的关系等因素来综合考量。

视频流的选型，不仅仅是一个交互样式，更是更深层次把握用户的心理诉求后，最终的外化表达。

第二章

群体的"互动"机制

A FIELD GUIDE TO
P R O D U C T   M A N A G E R

基于消息的用户运营动线：微信的启示

用户运营是实现平台商业目的的重要手段，用户运营的核心包括拉新、转化、促活、留存，在用户运营的每一个环节，消息都起到至关重要的作用，下面我们从微信的社交场景和手淘的电商场景切入，来看消息在其中是如何穿针引线的。

社交场景

消息在互联网产品设计中的应用最早起源于社交，从起初的 WhatsApp 到随后涌现出来的 QQ、Messenger、Line、Telegram、微信等，这些基于社交的即时通讯应用的典型特征是把用户的通讯录搬到了社交 App 上，基于通讯录关系形成了极强的用户黏性，并且具有明显的排他性，一旦建立了优势地位，将形成牢固的竞争壁垒。如今我们把微信等同于个人的通讯录一点也不为过，正是由于这种强关系属性，使得它根本不需要平台去运营，通过人与人之间的互动就能产生源源不断的流量。

社交场景具有天然的流量优势，逐渐衍生出多种新的商业玩法，我们分别以衍生到线上的社交电商和衍生到线下的新零售为例,看看"消息"在其中起到怎样的作用。

- 线上衍生:社交电商

社交电商,本质是利用人与人的关系在圈层分享裂变,并通过社群运营达到拉新、促活、转化的全生命周期用户运营。

以拼多多为代表的拉人头分红包、砍价、拼团等多种玩法,是低成本迅速获客的典范。

以云集、贝店等代表的分销电商,由平台提供供应链,通过多级分销模式,分享裂变,达到拉新目标;并持续不断输出有质量的内容,进行日常社群运营,来达到促活的目的。

社交电商典型的用户运营动线有三种:

动线一:基于社交关系的消息分享→引导到小程序成交转化;

动线二:基于社交关系的消息分享→引导入群→微信群运营→引导到小程序成交转化;

动线三:通过订阅号消息推送→引导到小程序成交转化。

传统电商的成交路径是需求→触点→信任→转化,而社交电商则相反,是信任→触点→需求→转化。社交电商之所以火起来,归根到底是因为相较于传统电商,它能基于关系(熟人关系、粉丝关系)通过一对一、一对多的主动消息触达,将用户的购物动机唤醒,产生新的需求,形成了增量市场。

- 线下衍生：新零售场景

新零售场景，最常见的是快消、餐饮、三美（美容、美发、美甲）、流行服饰行业，通过线上线下联合运营，实现到店和到家场景的互相渗透。

具体来说，线下通过"码"将用户聚拢到线上，持续运营形成二次转化。这里的码包括收款码和各种场景码：

收款码：张贴在结账柜台，用于支付收款。

场景码：不同的行业有不同的码，比如餐饮行业是贴在桌子上的点餐码，快消行业一般是收银台上的领券码、会员码，还有常见的入群码等。通过引导用户扫码，让他们成为商家的线上可触达用户。

新零售场景典型的运营动线有：

动线一：线下张贴收款码→消费者进店扫码支付→支付成功页引导关注订阅号→订阅号消息触达（优惠活动）→引导到小程序线上转化或线上领券线下门店转化；

动线二：线下张贴场景码→消费者进店扫码并自动关注→服务号消息触达→引导到小程序线上转化或线上领券线下门店转化；

动线三：线下张贴入群码→消费者进店扫码进群→群消息运营→引导到小程序线上转化或线上领券线下门店转化。

如餐饮行业的西贝莜面村（以下简称"西贝"），通过扫码点餐自动关注服务号，用餐结束后再由服务号推送优惠券、会员卡，引导顾客再次到店消费或者线上商城消费。

第二章 群体的"互动"机制

再比如快消行业的名创优品,结账柜台张贴入群码引导顾客加群,消费结束后在群里推荐新品、折扣品以及直播,通过线上导购形成到店二次转化。

分析了社交场景的消息应用,我们再看看纯电商场景又是如何以消息为利器去运营用户的。

电商场景

提到电商,将消息运用得炉火纯青的当数手淘了。

早期手淘的消息和绝大多数电商 App 一样,是用来供买卖双方沟通使用的,位于 App 的右上角,远不如现在固定于底部应用栏的重要位置。

随着中心化流量增长受限,寻求去中心化流量(流量增量)成为重要的命题,商家自运营的策略便应运而生。消息作为商家运营消费者的重要通道之一,无论是售前咨询的潜在消费者还是在本店购买过的老顾客,商家都可以在消息对话框中有效触达,通过产品上新、优惠券发放、特价活动、个性化售后等,提高消费者的转化和留存,并引导其不断复购。

基于以上消息的重要使命,

手淘把它放在界面底 bar 的位置就顺理成章了。很多电商也在模仿手淘把消息放在同样位置，殊不知只抄到了形却没有领会它的神。

此外，手淘还有一条基于消息的用户运营路径：在支付成功页引导消费者入群，入群后商家通过社群运营引导消费者每日打卡领金币、优惠券，提高消费者的复购率。

总结一下，手淘通过消息运营用户的动线共有两种：

动线一：消费者下单后获得消息对话触达入口→点对点消息自运营→复购转化；

动线二：消费者支付成功后→支付成功页引导入群→群消息自运营→复购转化。

不管是社交场景还是纯电商场景，这里面最关键的就是关系，有熟人关系、买卖关系、粉丝关系，而消息在这些关系里起到了穿针引线的作用，它让这些关系链接起来，通过触达用户、持续运营，形成有效的转化。在这一演化的过程中，消息的形式更加多样化,从文字逐步延展到图片、语音、视频、商品链接、优惠券等,基于消息的各种运营工具也应运而生,比如群接龙、发红包等。

随着越来越多的场景出现,这些工具会越来越丰富,比如微信通过小程序集成了非常多样化的工具来满足用户的需求。"消息+小程序"的结合将会越来越紧密,现在已初见端倪,让我们拭目以待。

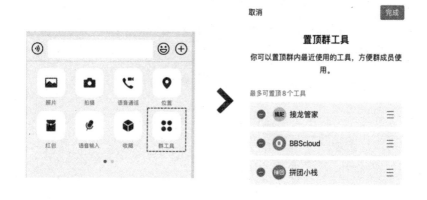

如何更好地运用各种消息通道——对话、群、订阅号、服务号等,以及承接载体——小程序、店铺等,辅以运营工具——营销发券、群接龙等玩法,并基于场景的特点将这些通道、载体、工具有效结合,最终形成常态化的品牌和用户的对话,是值得每个产品经理思考的。

集体参与的求胜心：快手直播 PK

PK 的起源

PK 一词最早来自于网络游戏，英文全称为 Player Killing，指网游里玩家互相攻击的行为，后来变成对抗、单挑的代名词。国内直播 PK 最早是在 2018 年 8 月由快手推出的。

PK 玩法

通常，直播的 PK 是由一个主播邀请另外一个主播，或者由系统随机选择另一位主播，双方在规定的时间内（一般是 5 分钟）比赛，赛制就是看谁的粉丝送的礼物多谁就获胜。举个例子，快手中一个点赞是一个金币，一个穿云箭价值 2888 个金币，每个礼物会折算成金币，时间结束后，根据双方的金币数决出胜负，输的一方要接受惩罚，惩罚方式是双方在事先商量好的，比如吃一碗辣椒、在脸上画圈等。

PK 是基于直播打赏基础上的一个互动玩法升级，平台和主播的分成机制和打赏保持一致，例如一个穿云箭价值 2888 个金币，折合人民币 288.8 元，扣除 20% 的所得税后，平台和主播各分成 50%；相当于粉丝送一个穿云箭，给主播和平台各带来收入 115.52 元。一场直播 PK 下来，根据双方 PK 的激烈度，主播能赚上百元到上万元不等。

PK 的目的

回到 PK 玩法本身,它之所以被各大平台所使用,有两个核心原因:

(1) 从平台角度看:PK 是主播和主播形成网状互动的工具。

如果说直播是主播运营粉丝的互动工具,那么 PK 就是主播圈和主播粉丝圈之间形成网络状互动的更高级的工具,它能够帮助主播之间实现互相导流,让一个主播原本的粉丝圈层大大扩展,形成了各个主播互动拉粉的网络效应。

对粉丝来说,常规的视频流推送是基于用户的喜好推荐,容易形成信息茧房,而直播 PK 能帮助粉丝发现更多不同特点的主播,形成"推荐—发现—推荐"的多元发现机制。有数据表明,粉丝所关注的主播越多,对平台的黏性也就越高。同时,主播和粉丝的关系、主播和主播的关系形成了复杂的网状关系,这种关系建立得越复杂,用户离开平台的壁垒也就越高。

(2) 直播 PK 也是主播和平台增收的助推器。

我们都知道,纯粹通过直播让粉丝刷礼物有局限性,因为主播不能一直喊话粉丝去刷礼物,这样做会显得太功利,而借助 PK 活动,能帮助主播将刷礼物包装成为团体荣誉而战,从而通过一场场 PK 活动实现平台和主播的增收。

PK 运用了哪些人性因素

集体的荣耀感

在人类进化史上,通过讲故事的方式赋予某件事意义,能够让群体为了共同的目标通力合作。对于粉丝来说,通过 PK 活动营造团体的共同目标感去战胜对方,给 PK 赋予了更有价值的意义,而刷礼物正是实现这个目标的手段。

多变的酬赏

多变的酬赏,这个词出自《上瘾》一书,有限的多变性会使产品随着时间的推移而丧失神秘感和吸引力,而无穷的多变性是维持用户长期兴趣的关键。对于粉丝和围观群众来说,每一次 PK 的结果都是不能预知的,而未知便具有了无穷的多变性。正是由于这种多变性,用户对平台才能保持持续的兴趣。

凯文·凯利在《失控》一书中提出了一个核心论点,平台要设计最简单的机制,让生态中尽可能多的角色参与,通过去中心化的方式产生互动,来衍生进化出新的可能性。在众多短视频直播平台上,打赏是其最基本的奖励机制,粉丝购买虚拟礼物送给主播,成为主播和平台的收入来源,而 PK 则是基于这一最基础的打赏机制产生的一个新的互动玩法,在这个玩法里众多的玩家参与进来:主播、粉丝、电商、品牌、路人,各扮演不同的角色,主播打擂赚礼物，粉丝刷礼物助威，电商和品牌刷礼物获得排名Top榜名次并借机卖货，粉丝和路人成为电商和品牌转化的对象，大家各取所需。

在这个机制下，直播PK成为产品运营的典型代表。它无需运营的人为干涉，而是通过产品化的机制设计，让生态中的角色充分参与进来并产生互动链接。当然，越是开放的生态越需要平台在管控方面加大力度，通过正向引导减少低俗、不良的内容，鼓励更多趣味性、正向的内容浮出。

用户个人年度报告狂欢背后的社交货币

每到年终,很多人都会在朋友圈陆续晒出各大 App 的用户个人年度报告(以下简称"年度报告"),作为一年一度的总结,查看年度报告已经成为人们回顾过去的一种不可或缺的仪式。

据不完全统计,2020 年推出年度报告的 App 有:淘宝、美团、饿了么、滴滴出行、曹操打车、B 站、网易云音乐、QQ 音乐、酷狗音乐、虾米音乐、豆瓣、微博、QQ、微信账单、微信读书、钉钉、企业微信、虎扑、美图秀秀、得到等。让我印象最深的是喜马拉雅、网易云音乐和 QQ 音乐,喜马拉雅打动我的是它和谐的 BGM(背景音乐)、动画和文字;网易云音乐的长处在于故事的完整性和全屏沉浸式的体验,QQ 音乐则胜在 3D 动画和充满活力的视觉设计。

仔细想想,年度报告似乎总能成为年底的一个讨论热点,过后又快速归于平淡,被人遗忘,那么为什么各大 App 都在争先发布一个只有"短暂生命力"的个人年度报告呢?

年度报告,一般是通过大数据统计分析总结用户这一年对该 App 的使用情况和偏好特点,配上精美的插画和扣人心弦的 BGM,帮助用户回顾总结过去一年的经历。通常,年度报告的核心要素包括:

1. 大数据中的个性化

年度报告利用 App 平台大数据去发现特征并进行人群归类、标签化,不同人群对应不同的报告模板,并用个性化的数据和内容去填充模板。

2. 社交货币

就像《疯传》一书作者乔纳·伯杰给出的建议,想要产品流行起来,就要在产品的设计中融入社交货币。

什么是社交货币呢?我们都知道货币是人们进行商业活动的媒介,社交货币就是社交活动的媒介,能够为人与人之间的交流互动提供话题和谈资。

在产品设计中融入社交货币,一般有两种方式:

(1)带用户回忆曾经的过往,激发用户对过去的怀念感慨。

人们往往会有感而发,分享那些触动他们情感的事物。2013年的"淘宝十周年时光机"在全网疯传,就是从购物数据里提炼出人生中的几个重大节点,让用户感慨这十年的过往经历。比如通过婚礼物品置办推测出用户是在哪一年找到了人生伴侣;通过家具用品的置办推测出用户是在哪一年有了自己的房子;通过婴儿用品的消费数据推测出用户是在哪一年有了孩子,再配以触动心弦的文字让用户真正地被感染,并产生共鸣。

(2)通过打造优越感来激起用户的分享动力。

提供某些素材,突出公益、小众品味、努力等个性品质,来帮助人们树立心里所渴望的形象。

不管是情感的触发,还是形象打造,其核心都是在打造人与人之间的社交货币。

3. 话题分享

让用户光看年度报告是不够的,通过以上的催化,引导用户分享来达到最后临门一脚,实现传播的目的。

分享页通过提炼对该类用户过去一年的标签(左图),或者引导用户立下明年的愿望(右图),为人们提供话题谈资,最后引导分享,完成关键一步。

了解了年度报告的必备要素后，现在我们再来分析为什么各大 App 要争相发布这样一个只有"短暂生命力"的产品呢？

- 显性目的

本质上年度报告是一次事件营销，通过制造话题让用户自主自发传播，从而形成热点事件，达到品牌传播的效果，这也是为什么年度报告会有营销团队参与创意构思。

- 隐性目的

除了显性目的，其实还有更深层次的原因，那就是通过发布年度报告的形式，让用户公开承诺，来达到内化用户行为习惯的目的，形成对 App 的忠诚度。

就像《影响力》一书中所说，"人人都有一种言行一致（同时也显得言行一致）的愿望。一旦我们做出了一个选择或采取了某种立场，我们立刻就会碰到来自内心和外部的压力，迫使我们按照承诺说的那样去做。在这样的压力之下，我们会想方设法地以行动证明自己先前的决定是正确的。"所以，当用户在自己的朋友圈公开表示对某 App 的喜爱偏好时，为了减少认知失调，在今后就会更倾向于继续使用该 App。

最后，谈谈发布年度报告的一些注意事项。

- 数据清洗问题

数据清洗是基本功，要避免脏数据掺杂影响报告的准确性。比如账单报告中的消费统计要把信用卡还款的数据去掉，不然一笔消费加上一笔还款，就是双算了。

- 善用中性词

年度报告的标签要具有话题性，但不要为了制造话题，用带有任何贬义或者任何可能让人联想到贬义的词，应尽量用中性词或者褒义词，如果用词不当就可能演变为一次公关事件了。

- 隐私问题

公开传播和用户隐私是天然冲突的，所以年度报告里切不可透露任何用户的隐私，也包括一些不便公开的内容。

最后，让我们共同思考一个有趣的话题，为什么陌生交友类App，如陌陌、Soul，从来不发布年度报告？

西贝沙漏：构建自监督的平台机制

因为是北方人的缘故，所以我特别喜欢去西贝吃饭，每次点完菜服务员小哥都会把手放在胸前扯着嗓子喊出"西贝向您承诺25分钟上齐一桌菜"，会让我特别安心。

西贝通过沙漏计时器将服务显性化赋予顾客，沙子漏完意味着 25 分钟结束，如果这时菜仍然没有上齐，西贝会为顾客送上 2 盒酸奶，或者是可以抵扣本次消费的优惠券。

沙漏背后代表了西贝的菜品设计、制菜工序、原材料供给等综合能力。西贝这么做是经过精心设计的，背后是对顾客心理的深入揣摩：

明确的预期

我们在做决策的时候往往追求确定性，规避不确定性，因为确定性意味着安全感。西贝正是契合了这一点，通过沙漏这种简单的计时方式，给予顾客确定性的承诺。

确定性承诺代表着有两种结果：达到和没达到。达到代表提前上菜，满足预期；没达到则进行补偿，客户会有赚了的感觉，部分超出预期。一个小小的沙漏，竟然让顾客面对两种结果都能满意，是不是很神奇！

"上帝视角"的机制设计

沙漏的规则虽好，但也是西贝总部制定的，如何能让全国所有门店执行到位呢？

西贝运用"共识→监督→反馈"来确保机制的有效落地。具体来说，当服务员摆上沙漏并喊出"西贝承诺 25 分钟上齐一桌菜"，服务员和顾客就达成了"共识"。上菜过程由顾客来"监督"，当超过 25 分钟，服务员会主动补偿顾客，有时服务员忘记了，顾客也可以主动"反馈"要求补偿。此外，总部还能通过送出去的酸奶数量，了解到哪些门店的服务有问题，对其针对性地进行改进优化。

西贝的沙漏机制，在互联网产品的设计过程中也同样行之有效。

我们在网上购买商品的时候，经常能看到一些服务承诺，比如商品详情页显示的"48 小时内发货""极速退款""当日达"，如果未按时间送达,消费者将获得几元不等的赔偿红包。

拼多多的服务

此类服务统称为"交易合约",即交易过程中所提供的服务承诺,它们有两个共同特征:

- **前置透标**

给用户确定性的承诺,一般会在购物前的链路上透标,来达到让用户放心购买、提高下单转化率的目的。

- **违约赔付**

包括服务标准和未达到标准的违约责任,例如,商家承诺 48

小时内发货，如果未发货，消费者可以获得 5 元现金红包。

整个过程，平台建立了商家和消费者的"共识→监督→反馈"机制，由商家设置交易合约标识达成"共识"，消费者"监督"商家是否做到，通过申请退款、赔付来"反馈"。

交易合约，是典型的由平台构建的参与方之间的自监督机制，让各个角色能自运行起来，从而降低平台的运营成本。

交易合约在实施过程中，容易忽略 2 个常见的问题，也是我们构建平台自监督机制需要关注的：

1. 只管前面的"标"，不管后面的尾

承诺的标识在前台露出了，但消费者发现它没有起到保障作用，商家在违约后并没有履行应有的责任，这最终将导致消费者对整个平台的不信任。

举个正面的例子，天猫美妆行业承诺"过敏包退"，用户签收 60 天内使用商品过敏，商家 48 小时内响应退货退款，诚信用户还可享受极速退款。简单的"过敏包退"机制背后，其实天猫做了几件很"重"的兜底的事情：

（1）给带有"过敏包退"标识的商品开放"确认收货后+60 天"的申请退货窗口；

（2）过敏原因的退款申请，商家应在 48 小时内响应，不响应系统自动同意退货退款；

（3）对于诚信用户，还能在售后享受极速退款。

所以平台在设计一个交易合约的时候，一定要考虑后续一系

列的违约善后措施。

天猫美妆"过敏包退"标识　　　　　　"过敏包退"介绍

2. 陷入证明问题的怪圈

有些交易合约，消费者很难证明问题本身的存在，如假一赔十，消费者怎么证明一个商品是假货呢？通过经验判断是无法作为证据的，有的消费者尝试去找品牌专柜鉴定，但一般品牌专柜并不提供鉴定服务。类似这种交易承诺举证非常难，消费者觉得是假货又提供不了有效证据，平台也左右为难。这种无法落地的机制反而会让整个购物体验变得更差。

所以，好的机制一定是能够落地执行的，就好比西贝的沙漏，让每一位服务员和顾客都能在这个机制下高效互动，自我监督，自我完善。

微信 7.0 改版的启示：
下线的"时刻视频"和"好看"

微信 7.0 的改版可以算得上是轰轰烈烈，这次改版最大的两个变化，一个是"时刻视频"，一个是"好看"。

时刻视频

在个人首页，用户可以下拉拍摄 10 秒长度的视频，视频展示在个人首页，不会出现在朋友圈。发布 24 小时后视频将隐藏，不对其他人可见。

有很多文章分析认为这是为了对抗抖音，细想一下这个观点就站不住脚。微信的"时刻视频"是放在私域的，只有主动访问了好友个人首页才能看到，是强关系属性；而抖音是放在公域 feeds 流上的，受众被动接收推送就能看到，是内容消费属性。二者完全不在一个路子上。

要说共同点只有一个，它们的形式都是小视频。我们回忆一下，社交媒介载体从最初的文字（QQ、MSN）到语音（微信语音聊天、YY），到图片（微信朋友圈、Instagram），再到如今的视频（抖音、快手），形式越来越丰富，可以预见视频流一定是接下来的主流趋势。

微信将如何在视频上发力？7.0版本给我们的答案之一就是"时刻视频"。

微信想鼓励用户通过视频记录生活的点点滴滴。有人会说，朋友圈不是可以发视频吗？让我们翻一下自己的朋友圈，它已经不再是一个纯粹的"朋友"圈，跟我们的生活也许只有一丁点交集的人都可以是朋友圈"好友"，那么对于想要发视频的人，会担心如果把这种日常的琐事分享到朋友圈，别人会感兴趣吗？会不会嫌烦？为了减轻这种压力，微信推出的"时刻视频"只在个人首页可见，因为只有真正想了解你的人，才会主动去你的个人首页查看动态。

在个体愈显孤独的真实世界，如果能在自己的虚拟小世界里把日常点滴用视频记录下来，并期待真正在乎的人时不时过来看看，这个模式在微信能否成功呢？据我观察，"时刻视频"有一个致命的问题。

一切社交分享都绕不开两件事情，一是分享人的动力，二是受众的兴趣。

先说受众有没有兴趣？窥探所在乎的人的生活，自然有动力。

分享人有没有动力每天发视频？主要看有没有精神激励，这种激励主要来自受众观看后的反馈。受众会在分享人的主页冒个泡评论吗？如果这样做了，就意味着告诉他，"我在乎你，专门来访问你的主页啦"。但大多数含蓄的中国人很难去直接表达"我关注你/我关心你/我在乎你"这种情感，因此评论意愿不会很高，所以分享人的动力不会持久。

如果分享人和受众没有构成一个互动的正向回路，分享人将不再有动力，那么"时刻视频"将很难长期运转起来。在后面的微信新版本中，我们发现"时刻视频"已经默默下线，完成了在微信视频领域的尝试使命。

好看

7.0 版本将公众号文章下方的点赞改为"好看"，文章将出现在"看一看"的"好看"列表中。

从微信的引导可以看出，点击"好看"只需要一步，而"分享到朋友圈"则需要两步，微信明显在鼓励用户将文章分享到"好看"。

这样做的用意何在？

现在的朋友圈，图片、文章、视频交织在一起，有研究表明,大脑在连续处理不同类信息时效率非常低,而连续处理同类型信息则更轻松高效,比如前 10 分钟连续看图片,后 10 分钟连续看文章,所以微信的目的是为用户减负,让朋友圈回归到轻生活,让文章回归到专门的阅读角。

此举能不能真正减负在于用户能否把原来分享公众号文章到朋友圈的习惯改为分享到"好看"。我们先看分享到朋友圈的动力,一是"利益成分":宣传广告、集赞等;二是"炫耀成分"。分享"利益成分"的文章,由于朋友圈的浏览量肯定大于"好看"的浏览量,所以还是分享到朋友圈更能达到目的。分享"炫耀成分"的文章,通常分享者喜欢以评语为主线,再附加文章。像这样:

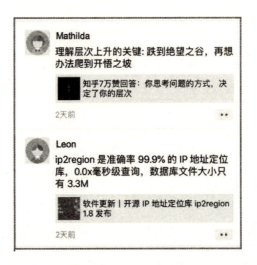

我们再回头看分享到"好看"的文章,它是以文章为主线,附加评论。像这样:

如果多个人点了"好看",根本分不清是谁分享的文章,所以还是分享到朋友圈更能达到"炫耀"的目的。除非微信掐断文章分享到朋友圈的路径,否则用户分享依然会大概率选择"朋友圈"。

除了上面的问题,"好看"还需要面对这几个挑战:

（1）"好看"的产品逻辑是"朋友"之间分享的文章一定是共同感兴趣的。但现实的微信"朋友"中有同学、同事、亲戚、物业、微商、销售等各种复杂关系，相当于把通讯录联系人分享的文章全部推到"好看"上，不同圈层的噪音问题，会使得"好看"变成"不好看"。

（2）"好看"是个褒义词，好与不好是评价一篇文章的维度之一，但评论文章还有另外一个重要的维度是"认同和不认同"，如果不认同某篇文章而引发对其点评，此时用"好看"来驱动用户的分享行为就不恰当了。我们后来也发现，微信在后面的改版中已将"好看"改为"在看"。

（3）真正好的文章其实隐藏在个人的收藏夹里，分享的文章大多是社交货币，收藏的文章才是用户真正认为有价值的文章，如何把这些文章挖出来，通过算法吗？这是微信需要思考的问题。

总体而言，微信这次的改版，并不是一次下定决心的大改版，只是试探性地提供了几个"小小的口子"，将选择权交给用户，通过观察用户的行为，再决定是继续放量或下线。

第三章
奖励机制与用户行为

A FIELD GUIDE TO
PRODUCT MANAGER

金钱奖励与用户行为的共舞

互联网产品世界中有一个普遍的现象:奖励无处不在。

奖励在平台拉新促活中的应用

在拉新方面,很多 App 利用了人传人裂变的特性引导用户分享或邀请好友后发放红包奖励,来获取更多的新用户。比如快手极速版,通过做任务分享,在上线后短短两个多月,日活就达到了 2500 多万。

在促活方面,"每日签到"是很多 App 的标配,用户每日例行签到后获得积分,顺便再逛逛 App,间接提升了平台的活跃度和黏性。

奖励在平台动态资源调配中的应用

互联网平台的商业模式往往是基于双边市场甚至是多边市场进行构建,平台为了调节双边供需资源均衡,通常会用现金奖励的方式激励资源稀缺的一方。

举个例子,我们周五打滴滴快车能够明显感受到司机会一个劲地催促乘客快点上车,因为在每周五 16:00-20:00 的用车高峰期,滴滴推出了连续做满 10 单可以额外获得 80 元的现金奖励,为了拿到这几十元的额外奖励,司机常常连晚饭也顾不上吃。正是奖励的刺激使得所有司机在单位时间内大幅提升效率,大大缓解了乘客在高峰期打不到车的问题;再比如支付宝为了提升日活推出的"红包码"活动,在各个城市设置不同的奖励系数来鼓励服务商进行红包码物料的铺设投放,铺设覆盖率越低的城市奖励系数越高,这样的激励政策能够驱动服务商包车去四五线城市作业铺码。

以上两个案例有个共同的特点,就是通过现金奖励驱动用户的行为来实现产品的诉求。

正如《身边的金钱心理学》一书中讲到的:"金钱是一个强大的且需要警惕的评价体系,不光是商品交易,即使是在社会生活层面,金钱已经成为约定俗成的评价标准,它是衡量万事万物价值的中介。这就导致了钱很容易替代其他评价体系,并且可以凌驾于它们之上。"

由此可见,金钱在构建评价体系、引导用户行为上是如此重要,但需要注意并不是所有的行为都能通过金钱激励起到正向的作用,使用不当反而会起到负向的效果。有时候,明明用户在很积极主动地做一件事,受到金钱激励后反倒变得不那么积极了。

在心理学上这种负向效果被称为过度合理化效应(Overjustification Effect),就像戴维·迈尔斯在《社会心理学》一书中提到的:"当人们在没有报酬或没有强迫的情况下做自己喜欢的事情时,他们会将自己的行为归因于对这种活动的兴趣,而非外部报酬,这种情况下金钱类激励会引导人们将自己的行为归因于激励性因素,从而破坏了内在动机。"

外在动机和内在动机两种驱动力在价值归因、行为导向上存在差异。内在动机，通常是指做某件事可以提升个体的内在价值认同，并能避免内疚感，是隐性的；而外在动机通常是指为了获得社会认同、获得金钱等显性化的目的而去从事相应的活动。

所以，由内在动机驱动的用户场景应谨慎使用金钱类激励。常见的情况包括：

1．公益类产品

研究证实，给予可以提高人的幸福感。不管是大病众筹还是公益捐款，参与爱心捐赠，会让人们更认可自己，同时能减少因为不帮助他人带来的愧疚感。所以在公益类产品的用户引导上，将真实的场景还原在用户面前往往是最有效的，如病人的病情进展，乡村学校的真实情况等有现场感的场景比激励更容易唤起用户的同理心，触发人们自愿自觉的捐赠行为。

2．分享类产品

当我们看到一篇好的文章、好的商品时，会不自觉地转发、分享给最亲密的人和朋友，然而现在很多分享类产品通过分享得红包的方式激励用户去分享，短期内带来的拉新或日活数据是亮眼的，但这种产品如果没有有效的内容承载，往往转化的结果一般。

分享的本质是通过信任关系来为商品背书，以此降低用户的决策门槛。如果过度使用外部奖励会造成这种信任关系背书的动机不纯，就像著名的心理学家斯金纳说的："只有当我们不能解释别人做好事的原因时,我们才会因此而信任他们"。

分享类产品,我认为要做就做两个极端:熟人分享要做到极致纯粹,不要跟任何红包、现金、优惠券沾边;非熟人分享就将激励做到极致,就像淘宝客产品一样,通过分享的商品成交后返佣金,刺激淘客社群运营。

3. 学习类产品

提到学习,有些家长为了激起孩子的学习动力,承诺按时做完作业奖励××元,打扫卫生奖励××元,让孩子的行为直接与钱挂钩。今天能看到这本书的家长,恳请你万万不要这样做,因为学习是一件持续的事,要让孩子学会爱上学习,而不是任务制地激励孩子完成那点功利性的功课作业,学会学习本身更重要。

互联网学习类产品同样如此,要鼓励用户因兴趣而学习。我见过做得比较好的一款产品是"微信读书",它的激励方式是通过读书时长兑书币,书币又可以购买书籍。也许你会认为,这也不是内在动机驱动,很明显是变相的现金奖励嘛。但这就是微信读书设计的巧妙之处,通过将激励方式包装成书币的形式,让用户并不觉得是金钱奖励但又能达到激励作用,获得书币后持续在微信读书上购买书籍,形成"读书——奖励书币——购买继续读书"的正向循环。这也引出了我们接下来要探讨的问题,在如今互联网产品竞争如此激烈的情况下,如何激励用户来使用产品,而且还要用了再用,维持高的用户活跃度。

对于上述公益、分享、学习类等由内在动机驱动的产品，要长期有效地激励用户使用，这里有几个灵魂选择题将要拷问每一位产品设计师。

- 事前还是事后激励？

事前向用户明示，"做××事能得到××奖励"，这会让用户将做事的动机归因为外部显性的奖励；反之，事后的激励会带给用户一个意外的褒奖，让用户感到自己做这件事很有价值，产生正向的驱动力，所以由内在动机驱动的场景建议用事后激励。

- 激励用户取得的成就还是其努力的过程？

激励用户取得的成就本身是合理的。而激励努力行为则会让用户觉得他之所以努力是因为受到奖励的控制所致，长期下去会降低内在的驱动力。所以，奖励成就优于奖励努力。

- 激励方式用金钱还是用替代物？

答案无须多言，一定是替代物优先。就像上面提到的微信读书的例子一样，尽可能地弱化金钱激励，用书币作为替代物；再比如支付宝的行走捐模式，用户每天的行走步数可以兑换相应的公益金额，让运动成为一个合理的内在动机驱动因素。

金钱奖励和用户行为息息相关，产品经理要去体察你的产品是属于由内在动机驱动还是外在动机驱动，如果是外在动机请把奖励用到极致，不要藏着掖着，要显性化表达；如果是内在动机驱动主导，为了让用户持续在平台上活跃，请一定要慎用奖励方式，尽可能在"事后"通过替代物直接奖励用户取得的成就而非过程本身。

平衡买卖双方：淘宝逆向交易成本降低策略

"交易成本"最早是由诺贝尔经济学奖得主科斯于 1937 年提出的，简单地概括就是为了达成一笔交易所要花费的时间和货币成本总和。

对平台而言，在保障用户体验的前提下如何控制交易成本的无限增长是必须要考虑的。我们以逆向交易为引子，介绍几种降低交易成本的方法，看看如何把有限的资源用在刀刃上。

逆向交易是消费者购买后，产生的退款、退货、换货、维修、赔付诉求及行为，由此带来的人力服务和补偿资金就是逆向交易的交易成本。

产生交易成本的内在原因：

（1）交易双方的趋利避害心理：追求个人利益最大化，规避风险或损失。

（2）交易环境的不确定性和复杂性：复杂的外部交易环境带来的风险，如产品质量问题、运输途中破损丢件等。

如何降低逆向交易成本

好的机制

好的机制能让交易双方趋利避害的博弈心理有所平衡，使双方的权益得以保障。机制设计的是否合理关系到生态中各个角色的互动能否持续良性发展。

以某电商平台为例，为了驱动商家提高商品品质、减少消费者退款，最早平台将退款率高低作为营销活动的报名门槛。这个机制运行一段时间后，平台发现商家拒绝退款的比例变得很高。其实商家是想给消费者退款的，但迫于退款率高会影响其参加平台营销活动，只能变相地找各种理由拒绝消费者退款，最终导致商家和整个平台的用户体验都变差。

后来平台改成将"纠纷退款率"高低作为活动报名门槛，"纠纷退款"是指当消费者和商家无法协商达成一致时，申请小二介入且小二最终判定需要由商家来承担纠纷责任的退款。为了不影响活动报名，商家倾向于规避风险，会尽力解决消费者的问题，减少拒绝退款的行为，进而减少消费者申请小二介入的可能性，达到降低平台交易成本的目的。报名门槛指标由退款率调整为纠纷退款率，从这一点不难看出，机制的好坏对于平台生态良性发展的影响力有多大。

上述机制调动了商家的积极性来服务好消费者，同样，好的机制还可以减少消费者的过度维权行为。比如，将责任在消费者的纠纷计入信用体系，从而影响消费者的会员特权，以此来制约一些消费者的投机心理。

寻求将交易成本转移给第三方

拿退货运费险来说，在这个纠纷高发的交易后场景里，保险公司看到了机会，通过消费者或商家支付几毛钱的退货运费险来保障退货产生后的邮费补偿。这个将交易成本转移给第三方的方式实现了多赢，使商家和消费者的交易体验提升，第三方保险公司在大数据法则下也赚到了钱，电商平台因为退货运费险的存在大大减少了判断究竟由谁来承担退货邮费的运营成本。

场景化的优化流程

"场景化"是将流程进行多个场景细分，看每个单一场景有没有优化的可能，从而减少纠纷流入平台的随意性。举个某平台逆向交易设计中的例子来说明如何优化流程：

消费者收到货不满意可以申请退款，如果商家拒绝退款，消费者就可以申请小二介入，让小二评判孰对孰错。

最初申请小二介入的入口开放时间很简单，申请退款三天后就可以申请小二介入，刚开始需要小二介入的量还不大，但随着平台交易量高速增长，处理纠纷的小二人数一年比一年多。

让小二处理纠纷的原因，有的是消费者等不及商家处理，让小二来催催；有的是消费者认为商家卖的是假货，但商家不认可；也有的是商家说消费者没有实际退货，只上传了一个空运单号，等等。

当时平台做了两件事情来优化整个流程：

第一件事是把退款场景细分，在可能产生纠纷的场景才开放申请小二介入的入口。比如商家拒绝退款后更容易产生纠纷，这时候再开放入口,避免像上面提到的"等不及商家处理退款的消费者"随意申请小二介入。也许你会质疑为什么平台没把消费者放在第一位而是让消费者花时间等待。这是因为在实践中,把有限的资源放在真正需要的事情上更重要。上述场景的核心问题不是解决退款快慢的问题(退款速度问题可以另辟蹊径,比如极速退款,相信你体验过),而是让真正产生纠纷的退款问题高效进入客服通道解决。

第二件事是把纠纷场景细分并引入举证环节。举证环节有点类似于我们在法院打官司时在开庭前的调解环节,根据买卖双方的纠纷场景请某方提供对应的凭证,如果一方看到另一方的凭证自认理亏,问题就自动解决了。比如消费者认为商家售假,那么在举证环节平台会请商家提供品牌授权书和进货凭证,如果商家未按时提供证据则判定为是商家的责任,系统自动退款,无需客服人工处理。

以上就是通过细分退款场景和纠纷场景,让问题流入合理的流程,以减少平台介入的交易成本。

数据驱动上游改进

(1)用数据驱动上游正向交易流程优化。比如针对退货最常见的原因——尺码不符,下单时平台会提供尺码助手供消费者参考,减少选错尺码的问题发生。

(2)用数据驱动供应链优化。比如通过退货原因数据发现四件套水洗后掉色问题比例高，充电线用了几天就断了，将这些数据推给商家，让商家驱动上游供应端做改进。

总结一下，以上四个降低交易成本的应对策略，其中两个是转移类策略，分别是通过机制转移交易成本，通过第三方合作转移交易成本；另外两个是优化类策略，分别是通过优化内部流程降低交易成本，通过优化外部因素降低交易成本。

俞军在《产品方法论》一书中讲过，"企业以产品为媒介同用户进行价值交换。好产品的标准是对用户有效用、对企业有收益。"平衡多方利益寻求最优解是产品经理进阶的必修之路。

人性面前产品的舍与变：下线的退货邮费

我曾经做过一个项目叫"退货邮费线上化"，最后以下线告终。我们以这个项目为案例，剖析其失败的原因和带来的启发。

项目背景是客服接到很多关于"退完货后，商家不愿承担退货邮费"的售后咨询。退货邮费由谁承担是第三方电商平台老大难的问题，一般是消费者退完货后，商家验收如果确认是质量问题，线下会给消费者打款补偿邮费，当然也会有商家不愿意补偿消费者这部分费用的情况。

我们项目的解决方案是，把退货邮费从线下卖家转账升级为线上买家申请，即在消费者退货的同时可以发起退货邮费申请，交由商家线上处理，以减轻客服的咨询压力。

这是一个简单的流程示意：

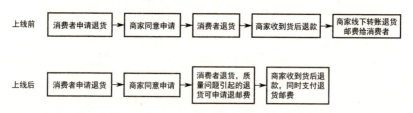

这样看起来是不是很完美地解决了问题？但实际情况是，项目上线后卖家拒绝退款的比例一下子飙升，由此带来的客服处理纠纷量也同比升高。

那么，背后的原因是什么呢？

你有没有注意到主张退货邮费的前提条件是"质量问题",关键就出在这个"质量问题"如何判定上。举个例子,消费者买了双耐克鞋,拿到货后认为是假货,平台怎么去判断是真货还是假货?让商家出具耐克的授权书吗,即使出具了授权书,但耐克授权的是销售耐克鞋,而不是出具的这双鞋子是不是真货的意见,所以很难通过客观的证据去认定事实。诸如此类的退货原因很多,平台很难界定哪方有理。

由此引发了连锁反应,越来越多的消费者发现只要申请"质量问题"原因的退货,就能在退货的时候主张退邮费,而商家并不认可消费者主张的退货原因,因此拒绝退货,双方矛盾激化,最后只能申请客服人工介入处理。

原本绝大部分消费者和商家在线下协商便能达成退邮费的合意,搬到线上处理之后反而带来了更多由于中间地带认定不清导致的纠纷。

这个项目最后以下线告终,通过这个项目我反思了两点。

1. 产品设计要深入人性

这件事情背后的人性是什么?趋利避害。消费者发现只要发起以质量问题为原因的退货,就能申请退货邮费,趋利使之;商家为了避免损失通常选择拒绝退款,避害使然。同时线下认定不清的问题在信息公开化后,会进一步激化双方的矛盾。

趋利避害是人的本性,从生物进化的角度来看,趋利避害让人类繁衍至今。在现实生活中，人们的很多决策都是受趋利避害的影响，比如当房子涨价的时候，受未来还会涨价这一预期的利益影响，人们往往会选择购入，而当房价下跌的时候，人们会为避免更多的利益受损而选择卖出。人是一个复杂的个体，做出一个决策，是很多利害因素杂糅在一起共同起到了作用。

2. 不是所有的问题都要通过线上化来解决

产品不是万能的，有时候产品需要"舍"。当碰到一个问题时，产品经理首先应想想有没有好的办法能避免这种问题，其次才是去寻找产品方案以解决问题本身，有时候不需要通过产品解决的方案更能体现真正的智慧。

前面讲到的退货邮费线上化这个失败案例，根源在于线下也认定不清的"质量问题"，即使把流程放到了线上，问题还是那个问题。在问题依然存在的同时，反倒因为线上开了口子放进来更多认定不清的问题，大大激化了买卖双方的矛盾。

当然，有时候产品的变通也会使问题得到意外解决，比如退货邮费项目下线后，这个真实存在且难解的问题，最后被运费险部分化解了。平台借助第三方（保险公司）的力量分摊了交易中这部分存在不确定性的费用。很多时候，要避免头痛医头、脚痛医脚，在看清楚问题的基础上换个思路很重要。

维权入口的开闭抉择

在电商平台购物时,我们经常能看到申请退款、申请售后、申请客服介入、投诉等入口。别看只是简单的维权入口,它们在什么时候开、向谁开,这背后其实有很多产品设计的思考在里面。

入口该不该开放

我们首先要清楚,入口开放就意味着平台支持用户去主张自己的权利。如果主张成功,三方皆大欢喜,若是过程中买卖双方互不妥协,一定是平台兜底,为此平台需要配备相应的客服人员来处理此类纠纷。同时,入口一开放必然会带来用户的过度维权,需要平台花费大量的人力和时间去处理这类过度维权带来的纠纷。

因此,入口开放意味着背后要有大量的人员投入支持,随着交易量的增长,须配备的客服人员也会成倍增长,随之带来的是交易成本将越来越高,互联网的边际效应将尽失。所以,入口并不是随便开放的,在资源有限的情况下如何平衡用户体验和交易成本,是平台必须考虑的命题之一。

当前所处的阶段决定入口的开放条件

平台在发展初期为了培养用户的忠诚度,同时为了能获得第一手的问题案例，开放入口并不需要过多地设置限制。但到了规模化阶段，人工投入越来越高时，入口就要有选择性、有条件性地开放。例如，在淘宝发展初期，只要买家申请退款之日起的 3 天后，申请客服介入的入口会为买卖双方同时打开，目的是让买卖双方在遇到问题时能随时申请客服处理。但后期随着淘宝交易量呈指数级递增，可预测的人工成本将会高得"可怕"，随之平台的入口开放条件改成"卖家拒绝退款"后可申请，其他各个环节的入口也都选择了精细化的开放。所以，入口开放的选择会随着平台发展的不同时期有所变化。

善用"假"入口

当入口是"有条件"的开放时，一般有两种做法：一是达到条件后出现操作入口；二是操作入口常驻，但不满足条件时，在引导页（landing page）上给出提示，告知不能申请的原因是什么，以及在什么情况下可以申请。这样做的好处是用户的求助入口没有被堵死，有出口，并且会让客服来电咨询量大大降低。

早前的实践也验证了这一点，记得我当时负责售后产品时，售后的申请入口是确认收货后 15 天内可申请质量原因的退货退款，并且依照国家规定会根据不同类目在 30 天内、90 天内、120 天内等时间段开放换货、维修的入口，所以我当时做了一个巧妙的设计，买家确认收货后，让"申请售后"入口一直常驻在订单详情页，买家点击进去后如果不满足售后条件，再进行相应的提示引导。善用"假"入口,可有效降低不必要的来电咨询。

入口开放给弱势一方

产品的入口到底应该开放给谁来主张权利呢?我们拿线上和线下交易对比为例来分析。

在线上交易中,买家先行付款再收到货,并承担由于线上描述和真实货物不符带来的信息不对称风险,整个过程买家处于不利地位。这种场景下退款入口要开放给买家,买家可以随时发起退款以规避损失。

而在线下交易中,买家现场验货无误再行付款,退款入口就不适合再开放在买家侧了,否则会带来不必要的过度维权。这种场景下把入口放在卖家侧更合适,用来应对买家事后发现瑕疵引发的退款,当然是否退款的决定权在卖家手里。

所以,入口开放给谁是有讲究的,应该选择将入口开放给交易环节中弱势的一方,让权利主张的决定权掌握在弱势群体手中,以便平衡交易双方的地位。

最后提醒一点,入口线上化并不是唯一解。

就像前文提到的案例——退货邮费线上化,使原本买卖双方可自行线下协商解决的问题放大化,反倒激化了双方的矛盾。

所以,抱着解决眼前问题的心态,必定会被问题一直羁绊;而抱着终结问题的心态,有朝一日一定会豁然开朗。

第四章

会员的"沉默成本"

A FIELD GUIDE TO
PRODUCT MANAGER

一张图读懂会员体系

作为消费者，我们常常会接触到不同平台、不同商家为我们推送的会员服务，因为使用场景不一样、权益方式不一样，这些会员服务往往是形态各异，相差万千。但从产品的抽象层面来看，我们可以用一张"万能逻辑图"来看清楚会员体系的核心逻辑：

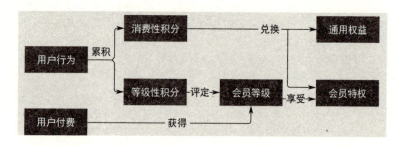

我们先来了解上图中所示的基本概念：

用户行为：用户浏览、签到、购买、评价、分享等行为；

消费性积分：根据用户的某一个或某些行为换算发放的积分，可以用于兑换权益，是消耗型的积分；

等级性积分：根据用户的某一个或某些行为换算发放的积分，用于等级评定，是非消耗型的积分；

通用权益：用户可以通过消费性积分兑换的权益，包括但不限于服务、商品、优惠券等；

会员等级：根据等级性积分评定的不同等级；

会员特权：会员等级对应的专属特权；

用户付费：用户付费购买（会员服务）。

接下来，我们围绕这张会员体系"万能逻辑图"，分别选取传统线下行业、互联网行业企业代表来分析不同行业的会员体系是如何构建的。

传统线下行业会员体系做得最好的是航旅、酒店行业。以东方航空公司万里行会员体系为例，通过航行的里程数累积消费积分和升级积分，消费积分（即消费性积分）用于免费兑换机票，升级积分（即等级性积分）用于评定会员等级（银卡、金卡、白金卡），不同的等级享有不同的特权，比如优先值机、优先选位、升舱、贵宾休息室，其会员体系套在我们的"万能逻辑图"里，如下所示：

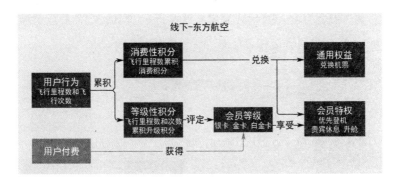

再来看互联网行业，我们以滴滴出行为例，它有两类积分：一类是滴滴积分（消费性积分），用打车费累积滴滴积分，积分可以

兑换通用权益，如打车券、话费券等；另一类积分叫滴滴橙长值（等级性积分），通过分享行程、完成实名认证、打车等综合行为获得橙长值，橙长值对应白银、黄金、白金、钻石会员等不同的会员等级，不同的会员等级享有不同的特权，如在打车高峰期，钻石会员一个月可以享受 3 次快速应答的权益。其会员体系套在"万能逻辑图"里，如下所示：

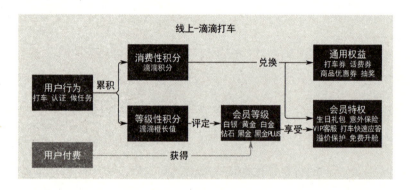

再以亚马逊为例，它是典型的收费会员体系路线，截至 2020 年 3 月，据官方公布的数据显示，亚马逊付费 Prime 会员数量增加至 1.18 亿。它的会员体系如下：

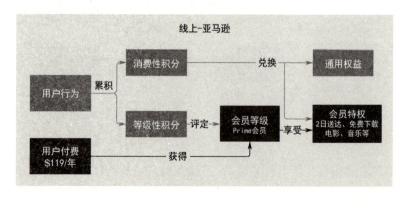

在了解了会员体系的核心逻辑和典型行业案例后，我们再进一步思考，这些线下、线上的企业纷纷在做会员体系，背后的原因到底是什么？

会员体系对消费者来讲主要是身份认同和会员特权，对企业而言，本质上是拿出一定的成本来培养用户的忠诚度。那是不是所有的企业都适合做会员体系呢？当然不是，会员体系是一项旷日持久的大工程，做之前要先问自己三个问题：

1. 你的业务处于什么阶段？

如果企业刚刚创立不久就想建立会员体系，这是完全没必要的。这个阶段最重要的是拉新和打磨产品的核心竞争力，待用户增长逐步稳定后才是考虑会员体系的时候。

2. 你的决心有多大？

会员体系是一个体系化的工程，需要强有力的运营团队去做商务拓展，并且要举全公司之力才能很好地落地，否则运行一段时间会发现会员体系就是一个空架子。这一点我觉得可以学学亚马逊，亚马逊主推 Prime 会员时在网站的任何用户接触点都能看到会员宣介的影子。我想只要访问过亚马逊网站的，没有人个知道免费试用一个月的 Prime 会员制吧？更不用说其推出之初的物流补贴成本有多高，可想而知亚马逊是下了多大的决心。

3. 所处的行业适合做会员体系吗？

先判断所在的行业竞争是否激烈，如果激烈，可以用会员的激励计划去"左右"用户的选择；判断所处行业的用户迁移成本高不高，如果很高，建议重心投入在拉新，不要浪费时间在会员体系上，比如想通过会员激励体系让一个移动的用户转化为联通的用户，这往往是不现实的。

如果这三个问题都确认过之后，认为企业确实需要做一套会员体系时，具体从何下手呢？

会员体系分为三条路径，企业既可以单独做某一条路径，也可以三条路径都做。每条路径的目的是不一样的，所以千万不要照搬竞争对手，要选择适合自己的会员路径。

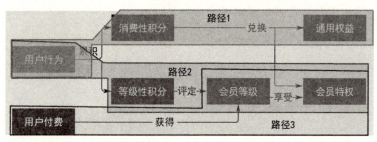

路径1：会员积分路径

将用户的关键行为用积分形式量化后兑换有价值的权益。会员积分路径的目的是培养用户的使用黏性，通过有价值的权益吸引用户重复不断地消费，典型做会员积分路径的企业有全家（Family Mart）、滴滴出行等。

路径 2：会员等级路径

将用户的综合行为（注意不是关键行为）用积分形式量化，再根据量化的积分评定对应的会员等级。会员等级路径的目的是识别重要用户，把对业务有重要贡献的用户筛选出来，将有限的资源投入到重要的会员身上做重点运营，为其提供专属会员特权。这就是典型的二八原则，20%的用户贡献了80%的价值，所以要把80%的资源投入到这20%的人身上。等级还有另外一个好处——给会员带来身份尊贵感，航旅的银卡、金卡、白金卡，就是利用了人的攀比心理，让用户为了会员等级升级不断地消费。

路径 3：会员收费路径

通过收取会员费，在沉没成本的作用下使得用户产生不买就亏了的心理。这种方式也会让用户形成更为长期的依赖感和消费使用习惯。业界做会员收费路径的典范是亚马逊的 Prime 会员制和 Costco 的会员制。当然，因为要先付钱，准入门槛高，所以亚马逊想出了一招，先让用户免费体验 1 个月，等用户已经离不开会员服务后，再退出的可能性就小了。

在构建会员体系中，还有几个点需要特别注意：

（1）消费性积分看关键的行为，等级性积分看综合的行为。

消费性积分要有确定性，需要能够简单直接计算并且对消费者可解释可激励。等级性积分的目的是为了评定会员等级，就好比怎么定义三好学生(如德智体美劳全面发展),可由多个指标共同决定。

(2)消费性积分的发放、核销的计算方式,各个行业根据自己的特点各有不同。

对比下全家、东方航空公司各自积分兑换的汇率,供参考:

	发放	抵扣	汇率
全家	消费1元=1积分	100积分=1元	1积分=0.01元
东方航空	飞行1公里=1积分	6000积分=600公里内的机票	1积分=0.068元(以北京—杭州1200公里820元票价换算)

为什么东方航空的积分汇率是全家的6.8倍?

原因是边际成本效应越低的行业积分可定义的价值越大。比如航空、酒店、互联网服务的边际成本效应就相对较低,一个航班10个人也是飞,20人也是飞,成本几乎是一样的;优酷视频增加1个会员和增加1000个会员,其服务成本也几乎是一样的。而全家则不同,积分每多兑换一个商品,就意味着实打实的成本递增。

(3)关于通用权益和特权的区别,特权最好是无法量化价值的服务。

比如登机免排队、专属一对一VIP客服、打车高峰期快速应答,这些权益是用钱买不来的,让人有尊贵、无价感;而通用权益可以是商品、代券、机票等,让用户直接明了地知道积分可以当钱使,体现积分的有价感。

（4）要设计好等级降级机制和积分回收机制，积分不能只发不收，不然会造成通货膨胀。会员等级也不能只升不降，降级的压力能对会员起到督促的作用，让用户珍惜自己的会员等级。

星巴克的会员卡

如果你爱喝咖啡的话，会注意到每次在星巴克买咖啡时店员总不忘推荐办理会员卡，办理后这杯咖啡可以免费升杯/打折，如果买多杯的话店员的话术还会相应调整成"办理后可以享受买一赠一"，乍听起来确实可以省不少钱。

星巴克的会员卡，你真的赚了吗

星巴克的会员卡叫"星享卡"，一般一张星享卡价值 88~98 元（白卡 88 元，带图案 98 元），里面主要的优惠有：三张买一赠一券、中杯升级券、一张早餐咖啡邀请券。按中杯咖啡 30 元计算，30×4（3 张买一赠一 + 1 张早餐券）+3（中杯升大杯券）=123 元，算下来你好像真的赚到了。

然而不要忘了，你已经提前付了 98 元，相当于花了 98 元提前预约了 8 杯咖啡。你必须买够 8 杯咖啡才能享受到所有的优惠，并且假设你真的买够了 8 杯咖啡，你需要额外付出 30×4=120 元，加上之前支付的 98 元办卡费（120+98=218），相当于每杯咖啡 27 元（218/8=27），每杯节省了 3 元，所以你真的省钱了吗？其实没有省多少，关键前提是 1）你必须喝够 8 杯咖啡；2）一次性买 2 杯（买一赠一）才能享受到优惠，细细想来，每杯想省下 3 元钱的条件是相当苛刻的。

但对于星巴克来说，却几乎不用付出任何成本，通过一张付费会员卡的转化就提前锁定了消费者 8 杯咖啡消费，让办理会员卡的用户成为高黏性人群。

为什么不管是传统品牌还是互联网品牌都在推付费会员

近两年，我观察到一个趋势，越来越多的品牌开始推出付费类会员卡，传统品牌如肯德基的大神卡、Costco 的付费会员制，互联网品牌如淘宝的 88VIP 会员卡、亚马逊的 Prime、考拉的黑卡，还有起家就是做会员的爱奇艺、优酷、腾讯视频等各类视频网站。

不管是传统品牌还是新型互联网品牌，大家都纷纷开始做付费会员并且呈现出从免费会员到付费会员、从高门槛付费会员到低门槛付费会员的趋势，这其中的原因是什么呢？要探究这个问题，首先我们要了解付费会员一般有哪几种类型。

付费会员的两种类型

- 一卡全包制

购买了会员卡后将享受全场免费使用，比如传统的健身卡、视频网站的付费会员卡，无需再额外支付费用。

- 一卡购权益

购买会员卡相当于购买的是权益，如果购买商品/服务还须再额外付费，比如亚马逊的 Prime 主打运费免费，考拉黑卡、淘宝

88VIP 主打商品折扣。

它们的区别在于,如果商品或服务本身的边际成本很低,一般用"一卡全包制",反之用一卡购权益。所以,一般虚拟商品采取一卡全包制,比如视频会员卡,一个电影 10 个人看和 1 万个人看的成本是一样的。而实物类商品,10 件商品和 1 万件商品的成本是呈线性增长的,所以一般会采用第二种"一卡购权益"。当然,边际成本高的商品或服务也可以用"一卡全包制",只是从成本角度上考量,会员卡的费用会非常高,导致入会门槛极高,所以综合考虑一般会采取"一卡购权益"的方式,以较低的门槛引入会员并通过权益来持续拉动会员复购。

付费会员制运用哪些心理因素促进高转化

付费会员制在"引导入会→付费转化→使用留存→退出"的整个环节,都运用了哪些心理因素来促进用户的高转化呢?

引导——压力下的"潜意识"瞬间决策

提到"会员",让人首先想到的是"优惠""特权"。当店员鼓动你办理会员卡的时候,在极短的瞬间你需要决策出是办理还是不办理,基于过往的"会员卡=省钱"的经验,潜意识会告诉你如果不办理会遭受损失,所以你很有可能在压力下选择去办理。

特别是在线上下单时,如果品牌方主推付费会员卡,要在下单页将办理会员卡后本次购物能省多少钱凸显出来,这将会极大促进用户的入会转化率。

转化——价格锚定下的选择

会员卡的定价也是一门学问,通常会采取第一个月低价试用、连续包月、随时取消的策略,这里运用了三个有意思的心理决策因素:

1. 以极低的试用价格,降低消费者的首次体验门槛

以亚马逊的 Prime 会员为例,首月免费体验,续费 79 元/季,如下图所示。

2. 运用差异化价格锚定,加速消费者的决策

除了首月试用价,还会辅以参照定价,如设置单月卡、季卡、年卡,用较高的定价参照物来帮助用户快速做出品牌主推的"首月试用+包年"选择,通常可选范围控制在 2~5 个,太多的选择会让人眼花缭乱而想要放弃,而适度的选择会让用户有主导权和成就感。

就拿有段时间传的沸沸扬扬的爱奇艺会员卡涨价事件来说,只要认真分析之后就会发现,它并不是真正意义上的涨价,爱奇艺仍然延续了从创办以来的连续包月每月 19 元的会员费,而表面上看连续包年和单月购买的价格确实提高了,但这其实只是提高价格锚定,目的是把消费者往品牌真正希望推广的连续包月卡类型上去引导。

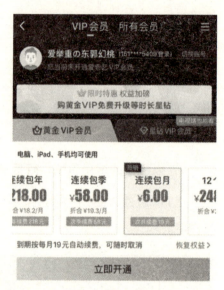

3. 无压力随时退出

给用户留有退路和余地,反而会更容易赢得用户。以常见的"连续包月"举例,这一选项下一般会附带一句"可随时取消"。这是一句多么有魔力的话啊!回想下你有多少"连续包月"是抱着先用 1 个月再取消不迟的心态而开通,到后来却由于忘记取消或操作太麻烦而月月付费。

使用——忘不掉的沉没成本

2001 年诺贝尔经济学奖得主斯蒂格利茨在《经济学》一书中说:"如果一项开支已经付出并且不管做出何种选择都不能收回,一个理性的人就会忽略它。这类支出称为沉没成本(sunkcost)。"

经济学中，理性人在做当下和未来的决策时应该完全忽略过去的沉没成本。然而，很多时候人不一定那么理性。试想这样一个场景，很多人在自助餐厅吃饭，明明已经吃饱了，宁愿撑得难受也要继续吃，因为不吃会觉得浪费钱，完全不顾肥胖或者不健康的问题，这时候就是沉没成本在作怪。付费会员卡也一样，当我们在选择去 A 店还是去 B 店消费的时候，如果购买了 A 店的会员卡，那么往往即使想去 B 店也会改成去 A 店，这就是沉没成本的作用。大多数人在做决策的时候是抛弃不了沉没成本的，而付费会员卡的"付费"正是将沉没成本应用到了极致。

退出——维持现状的惰性

还记得我们购买的会员卡是随时可以取消的吧。然而用户往往会因为惰性，以及习惯了会员卡带来的便利性和优惠而不去取消，"维持现状的惰性+习惯的力量"，会让会员费持续自动续费。

通过以上案例我们分析了付费会员制是如何运用心理学，在用户"触点→转化→使用→留存"的全流程中起到作用。在这里也建议你去尝试分析一个产品，不管是自己做的还是同行优秀的产品，从用户全生命周期去看该产品的哪些环节和机制做到了让用户不断上瘾，哪些环节是可以去尝试改变的机会。

肯德基"大神卡"神在哪里

在朋友的推荐下我在一家网红奶茶店买了一张 38 元的会员卡，90 天内可以享受 10 元购买原价 17 元的指定茶饮。简单计算一下，只要喝够 6 杯就能回本。自从办理会员后我的打卡次数明显增加。

同样，某天我去肯德基买咖啡，线上下单的时候系统推荐购买 38 元的大神卡，可享受早餐两件套 6 折、10 元购买价值 18 元的咖啡、外卖 0 运费以及腾讯视频包月会员，算下来对重度咖啡依赖人群、早餐外出食用人群、宅家人群来说，貌似是非常合适的。

第四章 会员的"沉默成本"

我特意在微博里搜了下用户反馈,验证了我的猜想:

> 自从办了肯德基大神卡以后我就经常早起吃早餐,我觉得这个习惯还是好的吧。
>
> 一年去不了两次肯德基的我 昨天不知道为什么想去肯德基吃早餐 然后推荐我办大神卡 38块钱90天内每天买一份含两样东西的套餐可以六折
> 于是 今天我又去了😂 这是一股神奇的力量
> 刚坐下吃外面就开始强对流 瓢泼大雨+打雷 近期不要来广东 真的会风雨兼程航班晚点
>
> 买的三个月大神卡快要过期了
> 我决定抓住最后一个礼拜
> 每天再早起十分钟绕路去买肯德基早餐😄😄😄
>
> 自从办了肯德基的大神卡,<u>我就只顾占便宜了,每天一杯冰美式</u>☕大半夜的真的难以入睡啊

滴滴出行也推出了 2.99 元的拼车 7 天通勤卡(8 折卡)。商家在最近几年不约而同地推出这种低价付费卡,尤其是在 2020 年以后越来越成为普遍的一种营销模式,原因何在?

拼车7天通勤卡 8折
¥2.99 限时特惠
省 最高省¥20.4

适用路线(往返均可使用)

本质上,这种营销模式,是商家以极小的代价让消费者"上钩",形成消费习惯。

极小的代价

"极小的"+"代价"缺一不可。

"极小的"——指极低的价格就能办理一张优惠卡,用低门槛让消费者"上钩"。不像那种全包式付费卡(如健身卡,需要一次性支出几千元买断全年服务),街上经常碰到有人推销"要不要办张卡?",转化率极低。

"代价"——指消费者不是免费获得的,而是要付出成本的。由于沉没成本在那,使得消费者不由自主地想起买了卡就要用起来,不自觉地陷入沉没成本这个漩涡中。

帮助消费者做出选择

消费者在面临去商家 A 还是去商家 B 的选择时,会员卡能帮助消费者轻而易举地做出决策,达到锁客提频(锁定客户,提高购买频次)的目的。

我是去亚马逊购物还是去线下超市购物?有 Prime 会员免运费当然是亚马逊。

我是打快车还是骑单车上班?有 8 折通勤卡,还是打车吧。

我是去肯德基吃早餐还是去包子铺?有大神卡打折,当然是肯德基。

然而不要忘了,消费者在实际购买的时候还需要再付费,他们会买账吗?

我们通过消费者上瘾路径的"触发→行动→酬赏→投入"机制来分析这个过程。

触发

以利益触发,以极低的价格和可享受的优惠来吸引消费者办卡。比如大神卡,除了早餐、咖啡可以打折,还通过异业合作让用户享受到腾讯视频包月看片的权益。更典型的例子是淘宝的88VIP,88元在享受自营商品折扣之外,还能享受阿里系内比如优酷包年会员、虾米音乐会员、淘票票折扣等多项权益,简直是张全能通关卡。

行动

在店内消费时由店员推广或者在下单链路上直接办理,当次消费就能享受折扣优惠,行动简单直接。

酬赏

消费者在每次消费时,看到因为办卡后实实在在产生的优惠,多巴胺分泌增多,大脑兴奋刺激产生快感,消费者会记住这种感觉,促进下次继续消费。

投入

本质上这种付费模式是消费越多越能值回卡费,甚至"占便宜",所以消费者会在这种心理驱动下形成消费习惯。并且这种"便宜"是有有效期的,短的只有1周,长的几个月,过了这个时间就没有这个优惠了,促使消费者产生消费的紧迫感。

要特别注意,设计会员权益酬赏并不是那么简单的事,商家首先要考虑两个问题:

1. 酬赏具有竞争力吗?

以视频网站的付费会员为例,当年爱奇艺、腾讯视频、优酷视频纷纷推出主打"跳过广告"的付费会员却并没有引起多大波澜,后面才发现原来跳过广告并不是消费者的刚需,用户宁愿多看几十秒广告也不愿意付费。真正捅破这个天花板的是独创的视频内容,还记得当年爱奇艺推出独播网剧《盗墓笔记》后,会员办理有多火。

商家要考虑投资回报率,提供哪些服务给消费者才能既不至于亏损又能让消费者满意?这是个非常考验功力的产品策略设计,例如肯德基的大神卡选择周边外出吃早餐和点外卖的细分人群,同时解决了门店早餐时段全天人流低峰的问题,以此提高坪效。

不同商家提供的权益是不同的,要综合考虑门店的人流、商品溢价、消费人群偏好等因素。

2. 酬赏具有多变性吗?

让消费者持续性地满足,是付费会员能长久的关键。但很多商家并没有做到这一点，比如我在文初提到的茶饮店，只能在指定的 6 款饮品里选择，刚开始我还每周兴致勃勃地去品尝每一种口味，待到喝腻之后，就很少再去了。酬赏的单调性不仅让消费者对付费卡产生失望，不会再次购买，而且对品牌忠诚度也会产生不利的影响。

持续的多变性，要求商家站在消费者的角度不断推出新的优惠商品和权益，若本店无法满足，可以联合其他商家异业合作，一来可以实现商家权益多样性，二来能让其他商家获得新客。就像肯德基的大神卡，除了基础的早餐、咖啡打折权益外，还联合爱奇异、腾讯视频、网易考拉等多家一起推出优惠包。

付费会员适合什么行业

付费会员模式，更适合用户消费频次高的行业，且商家要有知晓度，在快消、餐饮类行业推行更适合。

同时优惠的商品要有一定的溢价，不然优惠后亏本就得不偿失了。还有一种变通的方法是由该优惠权益带动其他商品的销售，弥补这个亏损，像亚马逊的 Prime 会员就是如此，虽然在有些用户身上确实是亏损的，但整体上是受益的。

最后我们总结下这种付费卡的特点：

（1）卡费用低——让消费者低门槛进入；

（2）有时效性——给消费者以紧迫度；

（3）使用时需要另付费用，享受指定商品、服务的折扣优惠——商家成本可控；

（4）适合快消、餐饮行业——消费频次高，聚焦于用户的日常需求。

关键小结

1. 商家推出付费会员卡，本质上是用极小的代价，让消费者"上钩"，从而培养消费者形成惯性消费。"极小的"+"代价"缺一不可。

2. 消费者愿意付费成为会员，要从"触发→行动→酬赏→投入"整个链路去看，尤其对于酬赏，要考虑两个因素：

（1）酬赏具有竞争力；

（2）酬赏具有多变性。

第五章

大促营销的变与不变

A FIELD GUIDE TO
PRODUCT MANAGER

"双11"大促的前中后控场节奏

"双11"大促发源于天猫,从2009年的20多个品牌、全场5折、总成交0.5亿元到2017年总成交1682亿元,这其中的蜕变有哪些?营销在其中又起到什么作用?下面我们就掰开来去看看里面的驱动内核。

2009年的"双11"是最简单直接的,全场所有店铺都是任意商品5折包邮,没有券也没有红包。到2017年,有网友在经历了"双11"后反馈活动规则看得眼花,"跨店优惠每满300减60""店铺优惠满499减100""现在下单,定金膨胀100抵200""领券立减30"等,没有学过奥数还真理不清到底优惠了多少。

通常一个业务包含三件事情:产品、渠道、营销。所有的大促活动,本质都是营销活动,营销在整体业务中起到临门一脚的作用,是一个加速器,能让流量迅速扩大,转化率迅速提升,客单价快速提高。

我们来盘点下,一般的大促活动会使用哪些营销工具。

按作用对象,可以分为单品级营销工具、店铺级营销工具和跨店级营销工具。

单品级营销工具包括:商品折扣、商品优惠券;

店铺级营销工具包括:满××减××,领优惠券满××减××,N元任选,N件M折,满N件免M件等。

跨店级营销工具包括：全场每满××减××、购物券每满××减××、品类券满××减××、满返现金红包、群红包等。

这三种类型的优惠互不矛盾，可以叠加使用。一般结算时先计算单品优惠，再计算店铺优惠，享受店铺优惠后再看是否满足平台的跨店优惠。这就是为什么消费者反映明明凑够了跨店的每满 300 元减 60 元最后却没有减，绝大多数情况是因为店铺优惠券优惠后，达不到跨店优惠的 300 元门槛。

为了了解这些营销方式的本质，我们再从营销目的的角度掰开来看，在营销的不同阶段每个营销工具分别起到什么作用。

一个大促活动分为预热期和正式期。预热期的目的是蓄水，越多的商品加入购物车说明预热效果越好，而正式期的目的是让购物车的下单转化率越高越好，同时让每位消费者的客单价越大越好。

下面我们来看看每个阶段都运用了哪些营销方式。

预热期

对于预热期，核心目的是蓄水，主要做三件事情：

1. 预售

为了刺激消费者提前预付定金，锁定购买意向，定金膨胀的营销工具应运而生，预售定金翻倍，10 元当 20 元用，正式开卖的时候可就没有这个机会了，用时间的紧迫度增加用户提前付定金的动力。

2. 发券

在大促的前 10 多天,平台和商家都在共同忙一件事情,那就是发券。平台发购物券、品类券,商家发店铺优惠券,在各种导购页面也都穿插发券。平台发的是跨店使用的券,目的是希望在平台上买得更多,商家发的是自己店铺的券,目的是希望在平台总体购买量不变的情况下,来自己店铺购买的人更多。

3. 个性化导购

这是历年会场的核心,根据消费者的历史浏览记录实时个性化推荐消费者可能感兴趣的会场和商品,引导他们将意向商品提前加入购物车。

那么前戏做足了之后,正式期就是真正的购物狂欢了吗?不,没那么简单,正式期的玩法节奏也要分为前场、中场和尾声。

前场:关键词"抢"

商品库存是有限的,为了买到心仪的商品,消费者静静地等待零点的到来,不断刷新购物车,等到下单的那一刻,抢到的消费者松了一口气,没有抢到的消费者会带着遗憾再去寻找替代商品。

在前场为了让抢购的氛围更凶,一个新的营销方式诞生了,前 N 件 M 折,前 N 个小时立减××元。比如前 1000 件 5 折,前 1 个小时减 100 元,这大大带动了消费者冲动购物的欲望,也许商品根本不是消费者需要的，但在这么大让利的刺激下消费者也会跃跃欲试地赌一把，即使最后不在前 1000 件的名单里，由于惰性或是看到商品库存已经为 0 而被自己抢到了的优越感，也懒得操作退货了。

中场：关键词"热度持续"

前场该抢的都抢到了，中场抢购的热度会持续减退。为了让消费者的抢购热度持续不断，整点秒杀，整点抢大额优惠券、品类券，整点下红包雨，就成了撒手锏。但事实是在整点涌入大量的用户后，能抢到优惠的只有少数几位，大量的用户是抢不到的或者只抢到小额红包。

尾声：关键词"拉动"

后场从下午开始到晚上零点结束，这个时间段消费者的购物热情经历了一拨又一拨的推动后，逐渐变缓减退，这时候平台需要用更刺激的手段去重新点燃消费者的欲望，通常会放出大额的店铺优惠券、大额的品类券、满 N 件免 M 件、满返红包、回血红包等，还记得 2017 年平台为活动期间买够 2000 元的用户发放了 1588 元的红包（满 8000 元可使用），这波操作重新点燃了消费者的购物热情，不少消费者下单购买了 iPhone。再比如 Macy's 店铺在后场释放的满 2000 元减 800 元的全店优惠券，最后让我这个自认为理性的消费者又为 GMV（网站成交总额）贡献了一笔。

以上就是整个大促的节奏，这部精确导演下的"双11"大促大戏，堪称电商版的《长安十二时辰》。我们会发现，每个节奏上都有各种营销方式的推波助澜，平台可以整体引流控制大节奏，商家的自主营销跟着平台的节奏将流量最大化地引入自己的店铺并形成订单转化。这两年商家不断成长，越来越会玩，这就是为什么消费者觉得规则越来越复杂，因为制定规则的不光是平台，还叠加了商家的规则。

每年的"双11"大促已经不是一个简单意义上的打折活动，而是一个购物狂欢的节日，让消费者可以理所当然地"剁手"而不用有心理压力。大促的各种优惠规则虽然复杂，却也契合了消费者捡便宜的心态。消费者一边买一边算算省了多少银子，这本身也成了狂欢的一部分。

随着消费者的成长，经历了历年的算账捡便宜之后，各大平台亟须推出更多新鲜有趣的玩法，同时整个大促营销玩法的复杂度如何把握，让消费者既能在狂欢中获得捡便宜的乐趣又能在购物中更加轻松，是大促活动需要持续探讨的命题。

天猫历年活动玩法变化中的启示

2020 年的天猫"双 11"在 10 月 21 日零点拉开了帷幕,这是天猫的第 12 个"双 11"活动。对很多人来说,"双 11"从抢婚礼用品、抢装修用品一路升级到抢婴儿用品,它见证了一个人的青葱岁月。现在"双 11"已不只是促销日,更是一年一度有仪式感的节日。

你有没有注意,2020 年"双 11"的核心玩法与往年比发生了改变?

其中最大的改变是——从光棍节变成了双节棍,详见下图:

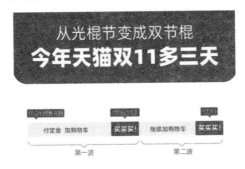

归纳起来和往年的不同点主要有以下几个:

1. 从"长周期预热单天爆发"到"两个短周期预热两个时段爆发"

2020 年的爆发时段有两个,分别是 11 月 1 日到 11 月 3 日和 11 月 11 日当天,这意味着消费者可以提前 10 天买到"双 11"的商品,商家可以在两个阶段更灵活地做营销、货品运营,平台的运营玩法也同样有两个阶段可以灵活调整,同时物流的配送会从 1 天的爆发配送缓解为多天配送。

2. 平台主玩法从"购物津贴"到"跨店满减"

首先解释下什么是"购物津贴"和"跨店满减",以每满 300 元减 40 元为例,假设下单商品共 600 元:

(1)购物津贴:消费者需要领 80 元购物津贴才可以享受优惠,600 元-80 元=520 元。

(2)跨店满减:消费者无需领津贴(券),下单直接抵扣,600 元-80 元=520 元。

对消费者来说,"购物津贴"和"跨店满减"达到的优惠效果是一样的,唯一不同的是前者需要领津贴(领券),后者不需要。它们背后的本质区别是,前者通过券的发放和领取来营造大促的互动氛围,而后者下单效率更高。

没记错的话,"购物津贴"是从 2013 年推出,在历年的"38 大促"、"618""双 11"活动中一直延续下来。当很多营销玩法被换了又换,唯有它长青不败,核心是因为它满足了大促最重要的两个诉求:一是营造领津贴(领券)的大促氛围感,二是跨店级的优惠级别,用户能在全平台全商品范围内进行凑单,为平台提升整体的客单价和 GMV。

回到 2020 年,平台为什么将"购物津贴"改为"跨店满减"?原因是 2020 年的预热期变短,分为 10 月 21 日到 10 月 31 日、11 月 4 日到 11 月 10 日两段,对比往年的 10 月 21 日到 11 月

10 日，每个阶段比往年都减少了近一半，平台没有充分的时间做发券领券互动，这样导致的后果是当消费者没有领到足够的券时，在下单时会造成部分商品无法使用跨店优惠，于是导致大规模的退款和客诉。因此用"跨店满减"替代"购物津贴"是平台综合考量后做出的一个取舍。

3. 平台对商家的优惠实行了有史以来的"最强管控"

2020 年"双 11"主打的营销玩法有：

- 跨店满 300 元减 40 元：这是打底的基础玩法，目的是鼓励消费者跨店凑单，提高客单价。
- 预售定金立减：预售的核心玩法目的是通过预售锁定消费（定金不可退）。
- 品类券：预热期间发放，会根据销量情况灵活调整营销策略，例如，如果在活动期间发现其他平台上某些品类的优惠力度更大，那么就可以通过发放品类券及时调整优惠价。
- 0 点 N 件限时打折：商家可自行设置的优惠，用于在下单日 0 点过后 30 分钟内冲刺的营销玩法，帮助商家在爆发点将消费者在自己店铺的客单价最大化。
- 分享优惠券：商家可设置的优惠玩法，通过社交平台的分享裂变，帮助商家拉新和转化。

往年大促时平台优惠会叠加商家优惠，但 2020 年大促期间商家的优惠券、满折、满减并没有在商品详情页透出，推测是平台规则限制商家优惠在预售期间生效。所以单看预售期的玩法，2020 年平台给予消费者的优惠计算感知更简单清晰。

这也是近几年电商平台在不断改进优化的地方,不管是在商品详情页优惠的提前计算,抑或是购物车的动态实时计算,还是平台优惠和店铺优惠叠加的平行计算,都是将复杂留给平台,将简单留给消费者。

分析了上述变化,我们一起来探究下变化背后的原因:

- 持续给消费者"超预期"的体验

每年的"双 11"活动,消费者除了满足买买买的"剁手"快感外,在玩法上也有了更多的期待。2020 年的"双 11",对消费者而言最直接的是可以比往年提前 10 天拿到商品,从用户心理上分析,由原来的延迟满足向着即时满足更进一步,符合人的最原始的即时获得诉求。

- "近场消费"全面加入拉长爆发时间

2020 年本地化生活系列业务全面加入"双 11",围绕消费者周围 3 公里的吃穿住行,通过支付宝和淘宝的跨端联动,将饿了么、口碑、淘票票、支付宝线下商家、飞猪、天猫超市等业务串联起来。据官方公布数据,2020 年近 100 个城市、200 万线下商家参加了 5 折狂欢,这一活动被命名为"城市生活节"。本地生活的这种近场消费活动传播周期长,所以选择多天爆发能更好地配合阿里全集团的多业务共振。

- 应对竞争白热化

"双 11"已不是阿里的专属,而是全网电商平台的"双 11",各大平台的"双 11"售卖期也逐年拉长。以京东"双 11"为例,从 10 月 21 日一直持续到 11 月 13 日,整体分为四个时期,第一时期为"预售期",第二时期为"专场期",第三时期为"高潮期",第四时期为"续售期",充分利用每一时期来带动日销。

如今,"双 11"已成为各大电商平台年度练兵的超级竞技场,各平台都在拉长整个"双 11"的周期,同时,以直播形态为主的新电商模式更是给传统大促活动造成了巨大影响。而这一切的本质都是在争夺消费者的注意力,争夺商家的资源投入份额。如果平台不主动求变就会被动地坐等蚕食,所以 2020 年的天猫"双棍节"在一定程度上可以说是平台主动求变的宣言。

春节红包大战的复盘与透视

春节红包大战,始于互联网支付行业人人皆知的微信突袭"珍珠港"事件——2014年年初,微信推出"新年红包"。微信的红包玩法在春节除夕当夜全面爆发,快速培养用户形成了微信"钱包"的心智。

时至今日,春节红包的角逐愈演愈烈,从2015年以微信同央视春晚的红包互动合作开始,到2016年、2017年春晚连续两年牵手支付宝,再到2018年的淘宝、2019年的百度,以及2020年的抖音。特别是从2019年开始,各大平台不约而同地加入了红包大战,并不吝投入,不少平台的预算都不低于10亿元。为什么各大平台愿意在这个短暂的节日节点,投入如此多的资源?我们以2019年为例来复盘各家的玩法和背后的原因。

- 百度

百度红包核心的玩法有3个,分别是春晚互动摇红包分9亿元、集好运卡分1亿元(类似支付宝集五福卡)、组队瓜分红包大约2.8亿元,总计预算约13亿元。

- 淘宝

2018年淘宝和央视春晚合作,推出了契合春节氛围的"亲情号"玩法,让淘宝获得了不少中老年、三四五线地区的新用户。2019年淘宝换了个玩法,但同样跟电商业务紧密结合,提供了清空 10000 个购物车的机会,并且赞助了辽宁卫视春晚。

- 支付宝

延续历年的集五福卡玩法,集齐五福卡瓜分 5 亿元现金。

- 腾讯

2015 年后,微信就再没有做过红包运营活动,2019 年仅从产品端发力,推出了企业红包和自定义表情红包。

- 头条系

从 2019 年开始,头条系的多个 App 全面参与红包大战,包括:

抖音:集"音符卡"瓜分 5 亿元;

今日头条:集"发财中国年卡"瓜分 5 亿元;

头条系其他 App:5 亿元红包雨。

- 云闪付

相比上述几家平台,云闪付的活动时间最长,从 2019 年 1 月 5 日持续到 2 月 4 日,每天发放不少于 2000 万个红包(推测其预算大约 5 亿元)。云闪付的玩法简单直接,不像上述互联网公司那么"拐弯抹角",可以概括为:你绑卡,我发钱;你分享好友,我发钱;你转一笔账,我发钱;你还一笔信用卡,我发钱;你用二维码支付,我发钱。

各家的花式玩法令用户眼花缭乱,其实这些平台不外乎在做这么几件核心的事情:

1. 引流

春晚是人群覆盖度最广的"产品",也是地域覆盖度最广的"产品"——无论是山区还是发达城市,人们大多会看春晚。这也是为什么各大互联网平台愿意每年在此节点砸下重金,毕竟没有一个"产品"像春晚一样能覆盖跨度如此之广的人群。

通常,引流包括"人传人裂变"引流和"爆点话题"引流。春晚本身的话题性再加上红包裂变活动,完美地契合了以上两大特征,极大满足了各大平台拉新的渴望。

2. 做任务

权利和义务是对等的,拿钱的同时要干活。平台会把一系列期望用户做的任务列出来。做什么样的任务,跟平台本身的业务息息相关。

通过观察各大平台引导用户做的任务,可以窥见平台的最终目的是什么。以 2019 年各大互联网公司的春节活动为例:

- 绑银行卡

拿百度来说,用户想获得参与瓜分 9 亿元现金的资格需要完成两步动作:一是下载百度 App,二是绑定银行卡。下载 App 不言而喻,绑定银行卡又是为了什么?我们都知道,用户绑定银行卡需要经过复杂的操作步骤,且涉及资金安全,门槛非常高。当年支付宝和微信的打车补贴之战的核心目的就是让用户的银行卡账号和支付宝或微信绑定。可见这个行为对于一个超级 App 来讲是多么重要,它能为将来百度 App 上的游戏支付、小程序支付等提供基础设施,降低付费门槛。

- 下载各类视频 App

随着 5G 技术的发展,视频类 App 成为下一个流量争夺的重地。百度因此推出了"集卡瓜分 1 个亿"活动,要获得抽卡机会,用户需要下载百度旗下各类视频 App(至少 3 个);头条系也采取同样的策略,用户通过下载各类视频 App,比如火山视频、西瓜视频、皮皮虾、多闪等,来获得抽卡机会。

3. 做转化铺垫

联动生态中各个角色,共同发放优惠券,让用户和生态角色产生链接,为后续的转化和持久的黏性做好铺垫。

- 生态各角色发券

在支付宝的集五福活动中,用户抽到的福卡可以翻转卡片来刮取小程序商家发的优惠券,同时平台引导用户收藏小程序,以便后续使用优惠券进行购买转化。

- 品牌露出

通过主品牌或旗下子品牌的露出,加深用户的品牌记忆,为以后的转化做铺垫。

了解了玩法后,我们继续思考,为什么各大平台都一窝蜂地在春节这个节点玩集卡和发红包?

- 根源——争夺 App 入口

PC 时代，流量入口是搜索引擎，用户通过搜索引擎找到想要的东西；而无线时代，用户需求则是通过某一 App 来满足，哪家 App 能成为用户首选，就将拥有无限变现的可能。春节的红包混战，就是资金雄厚的各大平台的 App 流量争夺战。

- 路径变化——从争夺一二线城市流量下沉到低线市场

随着智能手机的普及，一二线城市用户增长已经趋于饱和，而下沉市场的人口基数大，增长潜力巨大。春节正好是人员大规模迁徙的时间段，城市务工人员从一二线城市回到低线城镇及农村地区，让原本很难渗透下沉到这些地区的产品，借着春节亲朋聚会的契机获得讨论和传播，而高潮环节"春晚"正是实现最大化传播的终极利器。

当流量过后，能留下什么

2015 年，微信和央视春晚合作做了一场红包互动活动——摇一摇获得普惠红包。红包存到账户上干什么呢？当然是发给亲戚朋友，这样红包在人与人之间形成了自发的传播。如今，即使微信不做活动，用户之间也已经形成了互发红包的习惯。换句话说，微信用产品接上了流量。

2018 年，手淘和央视春晚合作，让回家的子女跟父母绑定亲情号，将亲情关系沉淀到手淘。借助亲情号，使父母购物由子女代付成为常态。手淘也用产品接上了流量。

2019 年，百度和央视春晚的合作似乎让人看不出留下了什么。一个银行账号？百度系 App 访问量？事实上，短暂的流量高峰过后，如果没有相应的产品承接，流量会像过山车一样上去后马上降下来。

春节这类节日运营活动是一个流量放大器、一个短暂的用户链接器，能起到快速助攻的作用。但助攻的流量和产品本身要有承接关系，使得活动退去之后仍然能够让用户继续留在平台上，仍然能让生态中各个角色自主产生链接，这才是真正行之有效的活动玩法。

购物车里的大原则和小场景

我在负责手淘（手机淘宝）购物车期间，最为自豪的事情之一是推动完成购物车结算金额动态计算的落地，消费者只要在购物车勾选想买的商品就能提前知道享受了哪些优惠、怎么凑单更省钱、实际需要付款多少。

购物车的动态计算虽然给消费者在前台呈现的是一个简单的优惠计算结果，但其实我们在背后做了大量的工作。经常在淘宝购物的用户都知道，淘系的营销玩法多种多样，有商品级营销、店铺级营销和跨店级营销，每一类型里又包括多种营销工具，比如店铺级营销里有满×减×、满×包邮、优惠券、店铺红包、满N件减×元、N元任选等，跨店级营销有购物券、品类券、现金红包等。这些营销工具有的可以叠加使用，有的却是互斥的，要把这么多的营销工具整合起来统一表达和计算是一件非常有挑战的事情，这背后的营销表达抉择有很多：在多种优惠同时生效的情况下，不勾选商品时优先表达哪个优惠？勾选商品后如果命中了阶梯式优惠，优惠的表达是强调下单还是凑单？如果强调凑单，是推荐无限凑单下去还是适可而止？

接下来我们重点就"营销的表达优先级是让用户优先下单还是优先凑单"这个问题，剖析产品设计的权衡之道。

购物车的核心用途有两个：多个商品一起下单和凑单。那么，购物车的营销表达是强调让用户快速做出下单决策还是凑单买更多呢?举个例子,某店铺有一个营销活动"满 100 元减 20 元,满 200 元减 50 元",当用户勾选了一件 150 元的商品,在营销表达上是强调"已减 20 元"还是强调"已减 20 元,再购 50 元再减 30 元"呢?我们分别从大原则和小场景去看如何做产品设计的权衡。

大原则

首先要弄清楚该产品设计的指导原则是什么,指导原则能帮我们在面临多个抉择时快速判断出要什么不要什么。要先从业务全局出发看产品的定位,进而根据定位推导出指导原则。当时淘宝购物车的定位是日常期间加速商品流动、大促期间凑单蓄水,那么大原则就是:

对于店铺级营销,主要用于日常,指导原则是促进下单。

对于跨店级营销,主要用于大促,指导原则是促进凑单。

在大原则的指导下,我们在面对是让用户快速做出"下单决策"还是"凑单买更多"这个问题时就不难做出选择了:对于店铺级营销,当用户勾选商品后,为了加速用户下单决策,选择用"已减 20 元"表达;对于跨店级营销,当用户勾选商品后,为了引导用户凑单蓄水,选择用 "已减 20 元,再购 50 元再减 30 元" 表达。

小场景

有大原则的指导,能保证产品设计不会偏离业务的大方向,

但在实际操作层面,还要洞察不同的场景,这样才能做出更人性化的产品。就拿上述案例来说,还要分场景具体去看:

- 看店铺性质

对于多品类店铺,比如天猫超市、天猫国际等综合类店铺的优惠,可以不遵守大原则中说的"店铺级营销强调下单",因为综合类店铺的品类丰富易于凑单,在营销表达上可以优先强调凑单,比如"再买20元包邮"。

- 看优惠性质

以凑单为核心玩法的营销,比如99元任选3件,也可以不遵守大原则中说的"店铺级营销强调下单",在表达上可强调凑单,如"再买1件,享99元选3件"。

- 看用户心理

对于"跨店级营销强调凑单"的原则,也要看用户的心理,要把握一个度,即不能无限引导凑单。比如跨店购物券有三阶优惠,"满100元减20元,满200元减50元,满300元减90元",让我们一起从用户视角感受下购物的心理过程:

Step1:用户勾选了70元的商品,购物车提示"再购30元可减20元"。

Step2:看了提示后,用户心想再凑凑能便宜20元呢,于是逛了逛加购了一件80元的商品,共150元,购物车提示"已减20元,再购50元再减30元"。

Step3:看了提示后,用户心想再买50元又能减30元,这个账划得来，于是继续逛，找了一件自己不怎么中意的 60 元的商品加购，共 210 元，此时购物车提示"已减 50 元，再购 90 元再减 40 元"。

此时多数用户已经不想再硬凑，但又面临错失获得更大优惠的压力，难免心生不爽，甚至会为了减轻压力索性退出 App。所以，产品经理在做产品设计的时候，要一遍遍用同理心去感受用户的心情，再做出这个场景的抉择。

产品设计的抉择没有绝对的对错，总体上遵循"大原则和小场景"，大原则就像锚，先把原点定住，如此面临抉择时就不会瞻前顾后，接下来要做的就是在锚周围找到那些涟漪，再按场景看有没有灵活处理的例外。

第六章

产品经理的实战技巧

A FIELD GUIDE TO
PRODUCT MANAGER

开展用户访谈的 8 个正确姿势

用户访谈和调研是产品经理的必要行为节点,访谈的目的是揭示用户行为、愿望背后隐藏的动机、真相,从而达到验证产品需求、发现产品机会的目的。留意访谈中用户心理的细微变化,将会让你的访谈事半功倍。

防备心理

访谈双方一般都是陌生人,首次见面时用户必然带着防备心,会担心"我讲的话会不会对我产生不利影响?"因此,产品经理在开场前要跟用户介绍清楚此行的目的,并请用户放心——他的反馈是为了更好地改进产品,不会对他产生任何不利影响。同时抱着学习请教的真诚态度,让用户慢慢地卸下防备。

拒绝负担

"如果我们做了这个功能,你会用吗?",用户出于拒绝带来的心理负担会违心地说"会用",伪需求就是这么来的。记住,用户不会当面拒绝你的提议,但在实际使用过程中,他们的行为和回答多数会不一致。所以产品经理不要问封闭式的问题,要基于场景去问。

代言冲动

当用户描述的产品使用情况与你的预期不符时,出于对自己产品的热爱之心，产品经理往往会打断用户："不是的，你应该这样操作……"，仿佛开启了产品销售模式。打住，请忘记自己是产品爹妈的角色，不要打断，不要解释，也不要指导用户，以旁观者的身份默默观察，让用户充分地还原表达。

还有一种常见的情况需要特别注意，当用户的观念与你的产品理念不符时，也不要打断辩解。人生而不同，有着不同的世界观、价值观，产品经理可以不认同，但应保有求同存异之心。管住嘴，做一位好的倾听者，才能真正体察用户对产品的真实反馈。

挫败感

用户为了减少由于回答不符合预设、操作出错带来的挫败感，往往会问"是这样吗？""点这个按钮对吗？"，这时请不要给用户答案，因为只要你给一次，用户出于减少出错的心理后面会连续问你。正确的做法是多反问用户"你觉得应该怎么做？"，并适当鼓励用户"按你的理解操作就行"，让用户按自己的想法讲述、操作，以达到充分的场景还原。

虚荣心理

通常我们在访谈 B 类用户（企业用户）时，用户讲到自己擅长的方面会不由自主去炫耀，放大他们遇到的问题和解决办法，这是人之常情。我们可以客观地通过具体的问题追问，比如"在最近一次你是怎么解决这个问题的"，让用户回到现实，有针对性地还原那时那刻的事实。

质疑的反感

为了得到最真实的动机，我们往往会问"为什么要这么做？"，但"为什么"问多了往往会让用户反感，"他是不认可我吗？""在怀疑我说的话吗？"，其实问为什么是没错的，而且通过层层发问，能够有效探究到最原始的动机，这里建议换个问法，比如"这么做是出于什么考虑？""很好奇这么做的原因是什么？"，保持真诚的态度会避免用户的反感。

被审问感

当访谈人数过多且没有提前沟通谁作为主发问者时，可能会造成用户被轮流提问的情况，这会让用户产生一种被审问的即视感。所以访谈人数最好控制在 2~3 人，并且访谈前要事先做好分工，比如一人主问、一人记录、一人负责补充问题/回答问题。如果遇到不方便当面聊清楚的问题，建议访谈结束后单聊以作为访谈补充。

被需要感

抱着学习的态度多倾听，让用户成为主角，予以点头反馈，表示"原来如此""之前确实没想到"，让用户有被需要的感觉，用户自然会放下防备，真诚地回答问题。

不要急着完成提问清单，现场边提问边消化用户的反馈，有思考地继续追问，跟用户充分地互动。访谈不是聊天也不是完成提问清单就可以大功告成，是要学习探究隐藏在表象背后的原因。持有开放的心态才能在最自然而然的情况下和对方充分互动，展开一个高质量的对话。

产品的顶层动线设计

提到"动线",我们最熟知的当属房屋户型的动线设计,户型动线的设计对人们日常生活的便利性有重大的影响。产品的顶层设计跟户型的动线设计其实是一个道理,通过合理安排各个板块的布局,让用户置身于顺畅的访问路径中。

产品的顶层设计,最典型的是 App 的架构设计,既包含业务板块布局,也包含用户的主次动线。产品的顶层设计需要提前规划,否则就会像堆积木一样来一个业务叠加一个,最后不得不推倒重构。

首先,**产品的顶层动线设计由商业的顶层设计决定。**

以盒马鲜生(简称"盒马")为例,它的商业模式可以简单归纳为通过聚集线下门店 3 公里内的人气,吸引消费者到店体验后形成对商品品质的信赖,进而引导消费者至线上持续下单,打破了传统坪效计算公式的局限(传统的坪效=单店利润/店面积,而盒马的坪效=(单店利润+单店线上利润)/店面积)。

线下体验过盒马的人们早期都有这样的质疑,为什么非要在现场下载盒马 App 才能支付?如果纯粹从用户体验角度来看,应该支持第三方支付工具才对。其实这么做背后的目的是为了引导消费者今后用盒马 App 线上下单。这就是产品的顶层设计，它是由商业的顶层设计所决定的。

另一个值得借鉴的案例，是手机淘宝的顶层设计。我们可以看到在手淘首页有五个固定 tab（标签页），如下图：

其中"首页""购物车""我的淘宝"这三个 tab 是所有电商 App 的标配，而"微淘"和"消息"为什么要常驻底部 tab 这么重要的位置呢？

手淘最为核心的用户动线有两条，第一条动线是用户加购下单的动线，第二条是用户产生兴趣关注店铺的动线。

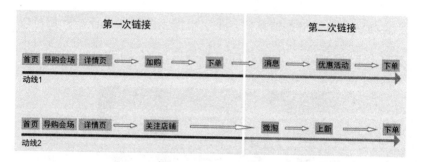

这两条动线通过"首页"入口经由中心化的算法推荐，在第一条动线产生下单转化，在第二条动线产生"关注店铺"转化，跟用户产生了第一次链接。当用户下次再来的时候，第一条动线通过"消息"tab 来承接，商家在这里点对点和消费者交流或进行优惠推送，形成了第二次链接。第二条动线通过"微淘"tab 来承接，商家通过上新商品和优惠、直播内容流的自运营产生和用户的第二次链接。

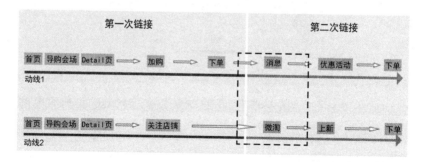

2020年年底，手淘做了一次重大的改版，第一个改版是"微淘"升级成为"订阅"，升级后的入口移动到手淘 App 首页的顶部与"推荐"一起并列。升级后的"订阅"将原来微淘的大杂烩"商品上新""商品优惠通知"和商家的"内容发布"做了一个分离。未来"订阅"是纯粹基于商品的维度去做运营，商家将商品的上新、优惠等信息发布在"订阅"中，成为商家基础的自运营阵地；第二个改版是原有的"微淘"tab 位置被"逛逛"替代（买家秀社区升级），一个主打内容社区的频道。绝大多数商家其实没有内容生产能力，所以会引入消费者通过评价生产内容；同时，"逛逛"还扮演着另外一个角色——现在各大平台都在争抢达人来进行内容创作，商家可以向这部分达人采买内容，达人基于对商品的理解去生产内容，"逛逛"其实是给商家的一个更高级别的内容自运营阵地。据官方数据显示，平均每个月有超过 1.3 亿用户会在手淘 App 发布内容，这其实是在原来的两条商家自运营动线上发展出的新动线——通过达人和消费者生产的内容来形成导购的第三条动线。

不难看出，当中心化流量越来越稀缺时，引导商家自运营流量是如今电商的主推方式，因此在顶层动线设计上，"订阅""逛逛""消息"的入口占据了淘宝 App 最显著的位置。这也再次佐证了，产品的顶层设计是由商业的顶层设计所决定。

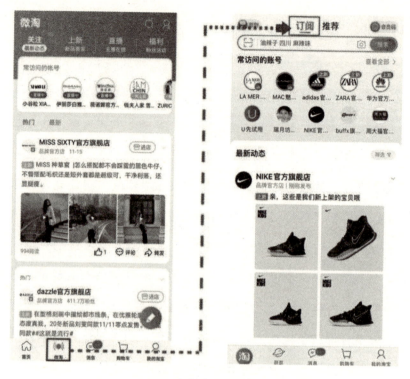

2020 年年底手淘改版

其次，提取公用产品粒度形成顶层动线。

继续拿手淘举例，你有没有注意到在所有店铺页面右上角都有三个小点。点击之后分别有"消息""首页""客服小蜜""我要反馈""我的淘宝""分享"等。

这几个功能是用户在逛淘宝时的共性诉求，"消息"便于随时查看卖家的最新回复，"客服小蜜"用于随时求助提问，"我要反馈"便于反馈体验问题，以及在任何页面都随时能回到主路径"首页"和"我的淘宝"，不至于迷路。

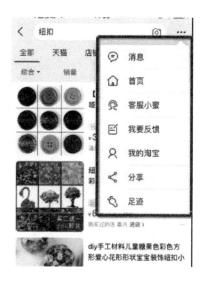

任何新业务要在手淘 App 集成发布时,都需要遵循接入这三个小点的框架规范。

有了三个小点所包含的顶层动线设计，能防止整个 App 失控。比如，当一个业务入驻 App 后，通过"我要反馈"能从整体上监控这个业务的产品有没有问题，以跟踪整个产品的品质，还能随时查看卖家消息，寻求客服的帮助，让用户感觉并没有离开手淘。

遗憾的是，业界很多 App 明显没有经过顶层的动线设计。比如，一些页面有客服入口另一些却没有，做产品的同学都知道这一定是不同部门的产品，但用户不管这些，他们感受到的就是"乱""找不到"。所以，企业必须要从顶层考虑整个 App 的架构设计而不是让每个业务各自为战。

产品的顶层设计一般不会频繁变化。当然，随着外部商业环境的变化，顶层架构也须持续迭代升级。产品的顶层动线设计通常由产品架构师来主导，甚至是由 CEO 本人或接近战略层的产品负责人来推动，并且由 App 技术架构师来一起合力保障，如此才能诞生一个持续优雅的产品。

如何构建难以复制的"护城河"

在某电商平台上购物时,我发现该平台推出了一个新功能——购物车清理。仔细一看,从文案、交互到功能都跟我曾经做过的产品一模一样,唯一的区别是入口换了个位置。

这类体验层面的模仿,一般不会动摇整体业务。但我们也经常看到,一些创业公司的想法被其他公司照搬过去,并在更多资金、流量等资源的加持下迅速发展,很快就能超越创业公司。

这种商业层面的抄袭对创业公司来说威胁很大,这也是为什么投资人在砸钱之前必问的一个问题——如果行业巨头也来做,你的公司还有什么优势?

保护商业模式不被抄袭最普遍的做法是申请专利,但专利也无法做到面面俱到的保护,对方做一个小的改动就能绕过你的专利,所以如何建立商业壁垒是产品人必须直面的问题。

领先的技术优势

从历次工业革命带来的产业变革来看,新技术的发展速度越来越快,周期更替越来越短,由此带来的商业机会也越来越多。比如机器学习、人工智能、AR、VR、人脸识别等,通过领先技术改变生活的某一方面,这类商业模式拥有一定技术壁垒,在较短时间之内不易被对手抄袭,但企业要赶在对手掌握这项技术前快速地发展业务、建立规模化和市场先发优势。

迁移成本

用户的迁移成本越高,企业构建的商业壁垒就越高,一旦用户真正使用上,离开的可能性就很低了。比如云文件,用户将照片、文件导入进去,随着不断使用,导入的文件会越来越多,如果要换其他产品,首先要将文件导出到硬盘,再从硬盘迁移到对手产品,这套程序可能要花一天甚至更多的时间,会让不少用户知难而退。当然,这类产品的首次转化成本也很高,所以谁先发现机会,谁就会成为行业的领导者。

构建"我的"资产

让用户舍不得走,除了提供好的体验、服务之外,更长远的考虑是围绕"我的"资产构建激励机制,这种激励可以是物质上的,比如积分制,也可以是精神上的,比如粉丝的点赞、社交关系、个人兴趣标签等。"我的"资产越多,用户越舍不得离开,就像浦发银行的信用卡积分机制让它成为用户支付的首选,微信的社交关系让用户无法割舍,抖音的兴趣标签同样也为用户打发时间提供精准内容推送。

多元化的生态角色

在平台上,参与的角色越多产生的网状链接就越多,每个角色依赖的节点也越多,用户往外迁移的成本就越高。比如在电商平台的生态中,有主播、商家、达人、广告商、店铺装修商、物流商、支付工具提供商等多元的角色,任一角色的离开,就意味着要跟之前建立的链接断开。当然，平台建立多元的生态角色和相互交织的利益链，需要较长时间的演化。

重模式

重模式，就是干别人不愿意干的脏活、累活，做得越重，越难被人抄袭。举个例子。很多电商平台使用第三方物流公司的配送服务，但京东偏偏要自建物流，很多人都不理解刘强东的做法。事实证明，配送时效快成为用户选择京东的首要原因。自建物流要建仓储、建干线物流、建线下快递网络等，是互联网企业不愿意干的苦活，而正是因为京东的笃定选择，成就了它的核心优势。

从长远看，持续关注日新月异的技术创新，发力构建"我的"资产，以重模式革新产业，是未来最有机会切入高壁垒产品的选择。

从 idea 到交互的设计原则

现实生活中你有没有碰到过这样的情况，在商场找卫生间的时候往往会犹豫一下，是去前方的还是去后方的？就像下图中，在同一位置的前后方分别有两个卫生间指示牌，本来逛商场就很累，一步都不想多走，可光凭指示牌根本没办法判断哪个卫生间离自己更近。

如果能在指示牌上给出简单的提示"距离有××米"，就能很轻松地解决这个问题，可参考西溪湿地的路牌设计。

第六章　产品经理的实战技巧　　139

这个现实中的例子对应到互联网产品上就是交互设计，好的交互设计能帮助用户最简单快速地完成任务。

一个产品的成败是由其商业价值决定的，但交互体验差劲的产品必定不是一个成功的产品，所以好的交互体验是产品成功的必要条件。

通常面向用户端的产品对交互的要求很高，需要产品经理和交互设计师共同打磨设计。面向后台运营类的产品则一般没有专门的交互设计师支持，需要产品经理亲自操刀。所以产品经理一定要掌握交互设计的原则，做到心中有"稿"，就像日本导演北野武拍电影，会提前将每帧画面在脑海里想好一样。

如何上手交互

1. 先想清楚产品的设计原则

产品的设计原则往往会面临多重抉择。比如是买家导向还是卖家导向，是体验导向还是盈利导向，是下单高转化导向还是高客单价导向等。不同的设计导向在具体落地中会导致完全不同的做法，比如在下单页，如果目的是高效的下单转化，那么下单页往往是确定性的表达，如果目的是为了提高客单价或者提高购买频次，则下单页往往会加入商品的关联推荐，或者是会员卡的购买引导（为了下次的购买做铺垫）。增加了这些元素一定会提升关联商品或会员卡的购买率，但往往也会由于这些推荐打断了用户连续性的任务而导致部分用户最终放弃购买。

每个产品的设计原则是不一样的，跟服务的用户、面向的场景、要达到的目的密切相关，产品经理要想清楚你这款产品的设计原则是什么，它是交互设计的灵魂。

2. 再画出用户动线手稿

不要急着在电脑上画 demo（原型）图，先在纸上画出手稿，纸上画的好处是能够保持思维的连续性——快速地画出、无顾忌地修正，这样将会事半功倍。

用户动线由以下要素构成：

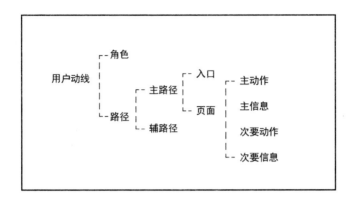

- 用动作串页面

第一步：先串主路径，主路径即主任务，用动作按钮串起主路径，得出有哪几个核心页面，并在此基础上补充每个页面要强调的主信息。

第二步：在核心页面的基础上，补充次要动作和由此衍生的页面。

第三步：串联辅路径，方式同上。

- 反复提问

关键动线完成后要试走一遍整个路径，走的过程中反复向自己提问，列出可能会遇到的问题清单，并且决策哪些做哪些不做，判断的标准参考产品设计原则。这个环节是查漏补缺的过程。

- 完善异常路径

完成主路径和辅路径之外的异常路径，虽然异常路径只有百分之几的出现概率，但也要考虑周全。至于如何完善异常路径也有多种可选择方案（选择做或不做，或通过其他方式引导，如文案引导、帮助文档引导等)。

- 打磨每个页面的交互反馈和主结构

打磨每个页面的信息结构组成,比如页面中的搜索栏、导购卡片、表单等;选择交互反馈,比如用 toasts(提示后消失)、动画提示、弹层、新开页面、刷新页面等。

完成了以上动作后,最终得出所有涉及的页面和页面之间的关系,以及每个页面对应的"高亮",即主动作、主信息,然后再用画 demo 的工具(如 Axure、Sketch)把手稿用线框图呈现出来。

交互原则中最著名的莫过于尼尔森的十大可用性原则。对于产品经理来说,我将交互设计浓缩成以下几个要点:

1. 动线设计

动线设计要抓大放小,先关注主路径再看分支。用共情去模拟你的动线是否合理,就像在车库找出口,经常会开着开着就找不到出口提示,迷失方向。好的动线能随时随地让用户轻松找到去的路线以及回来的路线。

2. 及时反馈

对用户每做的一个操作要马上给出即时反馈,不要让用户猜测我到底有没有做成功。特别注意的是,反馈一定要明显,比如 toast 要停留足够的秒数,操作完成后反馈页面的状态也要足够的明显。

3. 可预期

每次点击一个动作要让用户可预期下一步会发生什么,不要给用户惊吓，尤其是反日常共识的操作以及涉及资金、优惠等利益相关的操作，更需要提前给予用户提示，明确告知这样操作的结果会带来什么。

4. 少即是多

有人会习惯在页面信息量少的时候加一张图片来烘托氛围。但加图片其实打乱了整个页面的视觉落点，一个页面最重要的动作只有一个，加一张视觉效果图片反而会把用户的视觉注意力转移到图片上，导致主次倒置。除非这张图能帮助用户更好地完成任务，否则就不要随便放，该留白就留白。

5. 好的设计就是没有设计

好的交互设计是围绕"我的"场景和"我的"习惯来设计，让人感觉不出来有刻意在设计但又能顺畅地完成，这才体现了产品经理的功力。举个例子，在 iPhone 删除照片时，当你左滑找到要删除的照片并删除完成后，接下来会默认展示左侧下一张照片，反之当你右滑删除，则会自动展示右侧下一张照片，它是基于用户的习惯来帮助用户做出决策；再比如抖音的微信分享图标，在播出两遍后才会高亮显示，否则都是置灰默默存在，让用户在不需要的时候感受不到它的存在，需要的时候又能信手拈来。

从 idea 到交互，其实是一个让脑中模糊的影像逐渐清晰的过程，更好地完成这个过程除了多实战之外，更重要的是站在用户角度用同理心去感同身受他们的想法。

MVP最小可用产品的设计之道

在需求评审会上，产品经理经常会说的一句话是："我们先尽快将产品上线给用户试用，后面再小步快跑迭代"，专业来讲这种方式就是MVP（Minimum Viable Product，即最小可用产品）。

MVP是为了快速验证新产品能否被市场接受所做的最小必要功能集合，达到最小成本投入、最快节奏投放到市场的目的。

下面我们通过案例来模拟如何通过MVP实现产品的逐步迭代演化。

以购物车为例，最初的电商网站其实是没有购物车的，如果消费者一次购买多个商品就需要一件件地拍，买5件拍5单并且每单自带邮费，而商家是将5件合并在一个包裹发货，邮费只收一次，所以需要人工去掉4单的邮费。随着后期交易量的增长，商家实在受不了了，说你们能不能做一个一次性下单的工具，于是购物车的雏形就这样诞生了。

还原当时的场景，商家和消费者对购物车的核心诉求是合并下单，不用再改邮费。所以它的最小功能集MVP包括：

- 消费者能一目了然看到哪些商品一起结算，展示"店铺名称+宝贝图片+宝贝名称"。
- 加购后若反悔能"删除"。
- 能一起下单"结算"。

所以最早版本的购物车就上线了,如下图所示:

上线后,我们获得了消费者的原声反馈:"这个工具挺好用的,只是暂时不想买的商品能不能还保留在购物车里?"经过再次迭代后,新版本的购物车演化成下图所示,最大的变化是增加了商品的默认勾选框,消费者对于不想买的商品可以取消勾选再下单。

随着使用手机购物的用户比例越来越高，如何帮助用户更好地逛又成了新的产品诉求，于是就有了购物车的猜你喜欢、找相似等功能。

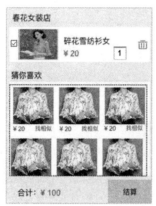

再往后，商家的自运营能力提升，发券、打折、包邮类的营销活动成为日常，同时平台的大促营销活动也多了起来，营销玩法越来越复杂，消费者需要在下单前更直观地看到购买后到底能优惠多少钱。于是，购物车又同时承担了营销表达和优惠计算的职能。

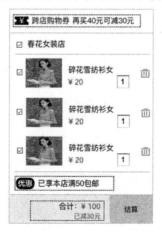

在整个迭代演变过程中，我们可以看到，To C 产品最重要的是基于 MVP 迅速上线，再根据用户的反馈来小步快速迭代优化。

再看 To B 产品，由于 B 端用户群比较特殊且其工作场所也是影响使用体验的重要因素，所以产品经理要去实地调研访谈，再形成 MVP。调研时要提前准备好 demo 稿以作实地验证，最好是高保真的原型图或者能跳转的静态页面，目的是让客户对产品经理所沟通的"东西"有感觉。不同于 C 端的是，精准挖掘出 B 端客户的需求非常难，需要产品经理高频地与客户交流，甚至是与客户"混"在一起来识别打动他们的"利益点"，比如帮助企业流程的优化提升了效率或节约了某些环节的成本。B 端产品的 MVP，就是对那些"利益点"的精准刻画。

最后我们总结一下 MVP 必备的要素：

1．MVP 是最小可用功能集合：简单+可用

MVP 的目的是测试市场的接受度，基于最终的产品形态去简化为 MVP 版本，而不是为了简化去做了一个背离初衷的产品拿到市场上验证，"简单+可用"才是 MVP 的精髓。

MVP 功能中最好要有爆点。当初，微信的爆点是摇一摇，钉钉的爆点是免费打电话，这些爆点有的是自带传播效果，有的是具备区别于竞争对手的差异优势，因而能快速地帮助产品完成冷启动。

2．用户反馈回路：行为数据+用户反馈

为了验证市场的接受度并快速获得反馈，在客观数据收集上可以通过埋点获得用户的行为路径数据，在主观数据方面可以通过在页面上布点"我要反馈"，让用户随时随地都能反馈，帮助产品经理获得第一手的用户使用体验及问题。

MVP 不仅用于新产品的初次版本，老产品的迭代同样也适用。MVP 本质上是一种做产品的思维方法。

产品设计的必备要素——以 B 端产品为例

有几年的时间,我一直在负责 B 端产品的设计,和早前所做的 C 端产品设计相比,二者有非常鲜明的区别。如果要提炼一个关键词概括 B 端产品的特点,我想到的是"理性"。

B 端产品是给某一个团体用的,个人的意志、欲望将会被压抑,产品设计是以组织的利益最大化为原则。钉钉和微信对于消息的不同处理方式就是一个典型案例,钉钉的主流用户是企业,以企业的效率优先,所以会将消息已读/未读状态展现出来;而微信则相反,以照顾个人的感受为优先,不会透出消息阅读状态。

在实际的 B 端产品设计中,有以下几个典型的特征:

1. 有"利"可图

这里的"利",指使用产品的商家能获得的收益,包括:

- "有钱赚",比如服务佣金,微信服务商收取的微信支付收入佣金;
- "有流量",获得平台的流量用于商业转化变现,如支付宝钱包的中心化流量分发给线下支付类商户;
- "提效降本",传统企业在增长放缓的情况下,借助互联网实现产业数字化转型,比如通过实施供应链管理软件来降低损耗成本。

C 端的利益点则相反,吸引用户的方式是激发他们的冲动,它来自于人的本性,欲望、喜欢、比较、贪婪,是相对非理性下做出的决策。

所以,B 端产品设计的第一要务是考虑这个功能有没有做到有"利"可图,如果没有,那么请少做或不做。

2. BD(商务拓展)的重要性

B 端产品使用对象是企业并且多来自某一垂直类行业,通过常规的用户拉新(如投放广告)是无法精准触达这部分人群的。所以,B 端产品的参与者有一类非常重要的角色就是推广人,他们会在线下找到目标用户并和你一起推广产品。

推广人一般会有几类角色:

- BD:负责产品推广销售,按业绩获得奖励提成;
- ISV 服务商:第三方的服务商,以推广产品、服务为营收的专业机构。

一般 BD 是比较重的模式,如果是全国型的业务,BD 将会按照大区责任制度分区域进行业务拓展。由于人力资源有限,BD 会负责重要客户、重要区域的拓展工作,其他区域和中小型客户的推广工作有时会交给服务商。服务商的佣金体系是非常重要的,这不仅决定了投入产出比,还决定了服务商愿不愿意跟着你玩。

最理想的情况是让服务商帮你搞定一切,没有 BD 也能照样运转起来。以微信的支付业务为例,围绕微信的支付、小程序、服务号,有一大批支付服务商和生态服务商为微信的商家服务,微信并没有一个 BD 团队(当然,这也得益于微信 C 端流量的高渗透)。

产品经理同时也应该是一名布道者,要把你的产品布道给 BD 人员、服务商,让他们发自内心地认可你的产品价值,方能竭力帮你把产品推广给更多的商家使用。

3. 服务好两类人——决策者和使用者

C 端产品的决策者和使用者是同一个人,但在 B 端二者是完全不同的角色,通常,决策者是企业负责人,使用者是一线员工。二者的目的很不一样,决策者是从全局出发,关注企业利益的最大化,而使用者关注的是有没有给他增加操作成本。所以,做转化找决策者,做持续留存要找使用者,二者同等重要。同时,最好要有阶段性的数据分析报告提交给决策者,因为决策者在后续并没有使用产品,报告能让他对产品有直观的感知,感受到钱没白花,并且让他了解到哪些员工在用,以及谁用得最好,让他也成为产品的助推力量。

4. 产品拼的是速度

B 端产品需要拼速度,商业机会转瞬即逝,没有那么多时间让你打磨产品,有时候先拿着一个产品原型图让客户看看,没问题了赶紧做,做出来试用,再迭代优化。而 C 端产品用户体验是第一要务,如果第一印象不好,那么今后你可能永远失去了他,所以 C 端产品上线要用好灰度发布机制,没问题了再逐步切量,如果有问题甚至会直接下线,继续打磨直到满意为止。

正确对待用户反馈
——来自"分类"的启示

我在负责购物车产品期间,早晨到公司第一件事就是看用户的反馈,当时排名前三的反馈之一就是要求"购物车增加分组"。

同时,排名前三的问题里还有一个是要求"扩大购物车加购商品的数量"。从这两个反馈,可以推测出用户是把购物车当收藏夹用了(数据上也验证了这点)。对用户来说,购物车已不仅是"一起结算"的工具,更是所喜欢商品的暂存地。用户要求购物车增加分组的原因在于加购的商品量多了后找不到要买的那件,失去了掌控感,所以想到的解决方案是增加分组。

我想,不只是购物车,任何一个"我的"类型产品,比如我的朋友圈、我的订阅号、我关注的微博、我收藏的商品,产品经理都需要面对一个抉择——要不要增加分类。

分类或分组,**本质是人对现实世界的认识**,就好比我们跟陌生人第一次见面,在聊了几句后便会对他有个初步的印象归类,是善于言谈的、内敛的、友善的,还是难相处的。**这是人的本能反应,是对混沌世界的归类记忆,由此带来确定性的掌控感**。这就是为什么用户要求购物车有分类的原因。然而,分类真的会有效吗?

无效的分类

想想在日常生活中垃圾分类的场景,当我们丢垃圾的时候,面临四个不同分类的垃圾桶,能马上反应过来投放在哪个垃圾桶吗?相信大多数人不会,就像垃圾分类政策刚推出的时候,群众也不知道该如何分类。为此坊间流传出一个如何进行垃圾分类的段子:"猪吃的是易腐垃圾,猪不吃的是不可回收垃圾,猪吃了会死的是有害垃圾,卖了能买猪的是可回收垃圾"。

分类是一件专业的事情,就好比图书馆的书籍分类是由图书馆信息检索专业的人去定义的。同时,事物的复杂性也决定了它并不是非此即彼的,比如我关注的一个博主既是名人又是互联网从业者,这个时候就会发生今天我将这个人分在名人类别里,明天也许就将他分在互联网圈类别里的情况。

这意味着分类并不能准确地定义用户的认知,于是也就失去了借此认识或记忆世界的意义。

打断沉浸式体验

沉浸式体验指当我们在读书、打游戏、刷抖音、逛淘宝等时候连续性地只做一件事情,进入忘我的状态。

在这个过程中,用户对感兴趣的博主、文章、商品点关注的时候,如果被要求进行分组,用户会产生被打断、甚至是烦躁的感觉。

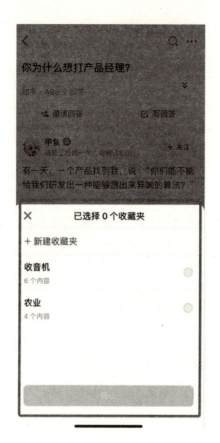

知乎收藏的强制分组设计

降低访问量

可以预测,当把内容归类为一个个分组,必然大部分分组都会成为一潭死水。分组就意味着增加了一个信息层级,只要多增加一步操作,必然导致漏斗更小,从而带来新的问题——访问量降低。典型的像微博的分组,早前微博主推用户自行分组,但微博在后面的改版中已经不主推这种方式了,原因可能是"我的分组"访问量低,所以把用户创建的分组放在了最下面(见下图)。这就是 A 问题带来了 B 问题,然后又用 C 来解决 B 问题的典型案例,陷入连环问题的局面。

微博"关注"的分组

不用分类,还有更好的做法吗

1. 控制最大数量

当数量达到一个临界值就会产生负向的作用,就像购物车会严格限制最大加购数量,因为一旦加购数量过多,用户的下单效率就会降低,即使是微信的订阅号也有最大关注量限制,这是产品经理在设计之初就要想好的。

2. 通过搜索来定位

建立基于标题、内容的索引,通过搜索关键词来定位。就像很多人习惯在苹果电脑上通过搜索来定位文件,而不是用文件夹分类一样。

最后衍生出一个话题:如何看待用户反馈?

- 用户的反馈≠产品方案

把用户的反馈当产品方案,这是偷懒的做法。

只求把眼前的问题解决了,走一步看一步,最后会发现解决 A 问题会带来 B 问题,可能 B 问题的灾难性更大,这时又去忙着解决 B 问题,永远陷入收拾烂摊子的状态。

只有扎下去了解问题背后的原因,知其因明其果,才能设计出有锐度的产品。

- 我需要≠我要用

用户说我需要不等于最后会使用。最常见的是做用户调研时,产品经理直接问"这个功能你需要吗",出于礼貌可能 90%的人会说我需要,但上线后实际并不会用。更好的做法是引导用户还原实际使用场景中的问题。

用户反馈是来自产品使用者最直接的声音,我们要耐心、谦虚地去聆听这些声音,在纷繁芜杂的噪音中,去"意会"出用户最原始的愿望,做出打动人心的产品。面对拿不准的反馈,有时候让这些声音"飞一会儿",等待时机、等待灵感来临,也不失为一种选择。

产品上线前的检查清单

电影《萨利机长》中有个情节让人印象深刻,当飞机被小鸟撞击后导致双侧发动机失灵,由汤姆·汉克斯扮演的萨利机长在飞机迫降前,请副机长拿出快速检查手册严格按清单操作迫降前的准备:重启发动机、紧急电力恢复、发送遇险信号……这种方式看起来机械,但能确保飞行员在紧急遇险情况下百分百按规定动作执行,最大限度地降低了误操作风险。

副机长对照《快速检查手册》做迫降前的操作

在我们日常推进项目上线的过程中,从需求评审、交互评审、技术评审、测试评审、开发、用户验收测试、正式发布上线的整个环节,产品经理在其中起到需求提出、推动的作用,项目组所有成员都在围绕需求的实现来推进一个个任务的执行,这个过程中有一个环节往往最容易被遗漏,那就是上线前的准备工作。比如提前进行数据埋点、提前通知客服新功能上线,虽然都是"小事",但没有它们,我们上线后的产品只能算是完成了前半段,而后半段才真正更考验产品经理的功力,是一个产品经理专业度的重要体现。

那么,到底有多少"小事"需要我们去准备呢?像《萨利机长》一样,我把产品上线前的准备工作总结为一个"清单",以帮助我们在繁忙的工作中有序推进产品上线后的正常运行:

产品上线前的核对清单
☑ 数据埋点
☑ 准备报表看板
☑ 通知客服
☑ 布点线上反馈
☑ 制订推广运营计划
☑ 产品验收
☑ 更新帮助中心
☑ 更新 AppStore

☑ **数据埋点**

产品上线后,当被问起新功能的"访问量多少""转化了多少""留存怎么样",这时候才想起来:"哎呀,忘记埋点了!"最原始的基础数据都没有,更别谈效果分析了。数据埋点是最容易遗漏的,有的前端开发工程师意识好,会在写代码的同时问产品经理要不要埋点,但凡事不能依赖别人的提醒。

埋点要基于最终想要做的数据分析倒推需要准备哪些原始数据，比如要看某一个页面的点击转化率，首先要知道该页面的 PV（页面访问量）、UV（独立访客），还要知道点击控件的 PV、UV，这样才能知道该页面的点击转化率。

埋点一般有两种方式，第一种是大公司自研的数据埋点系统，在产品中注入埋点代码，前端工程师埋点上线后直接可以在后台看到页面、控件的点击、曝光量等；第二种一般是小公司使用的第三方数据产品，比如接入友盟的统计 SDK。不管是用哪种方式，只要能把原始数据收回来，后面的统计分析就有原料了。

☑ **准备报表看板**

报表看板是观测产品上线后运行健康与否的"眼睛"。其作用是基于数据埋点将原始数据经过清洗计算后用报表直观呈现出来，用于日常业务指标监控、用户行为分析。

在产品上线前，我们需要明确重点监控的目标指标和过程指标有哪些。这个环节特别考验产品经理的思考深度和数据运用能力。产品经理需要通过目标指标反推过程监控指标，提前想好如果某过程指标偏低影响了目标指标，要采取什么策略。整个数据的路径分支要提前想得特别清楚才行，不然稀里糊涂做了一大堆数据报表，最后发现能用得上的没几个，甚至与真正想看的相去甚远。

☑ **通知客服**

产品上线前不要忘记同步给最前线的客服人员，尤其是对于需要客服深度参与的产品，在需求阶段就应该提前邀请他们参与进来。不然你将很快接到客服的质问："用户来电咨询，我们竟然不知道上线了新功能！"客服要提前准备好应对由于新产品发布可能导致的用户来电咨询的回复话术。

如果产品上线环节需要客服深度介入，除了通知到位，还需要对客服进行线上或线下的培训。记得我在负责退款售后维权产品时，在小二介入纠纷前增加了买卖双方的举证环节，这个改动影响了客服的整个裁决流程，为了让客服熟悉新的裁决方式，当时还请客服人员参加考试，确保每一个人都理解到位。

还有重要的一点是，要建立客服反馈的回路机制，这样产品经理就能第一时间获得客服人员的第一手用户反馈，及时知道产品体验哪里不好，哪出现了问题，帮助我们来快速地优化迭代产品。

☑ 布点线上反馈

客服反馈虽是基本通道，但往往具有一定的滞后性，一般是出了比较大的问题，用户才会打电话向客服求助。

如何能更快速地获得用户的反馈？把布点线上反馈入口作为产品上线的标配，可以在第一时间了解用户使用时遇到的问题，在影响面还没扩大前快速优化迭代解决。同时，线上反馈还能帮助我们实时捕捉到来自用户的最原声的建议、花式玩法，让产品的下一步规划迭代更具有想象空间。

☑ **制订推广运营计划**

产品经理不仅要管"生",还要管"养"。

由产品驱动的项目,要推动运营人员在上线前准备好运营计划,比如放量策略、推广渠道等。

由运营驱动的项目,尤其是砸钱的项目,一般运营团队已经早早定好了推广策略,产品经理要充分理解并在产品设计的时候就提前考虑到灵活性,比如白名单灵活配置、返佣系数调整等,以备运营人员随时调整策略。

☑ **产品验收**

之所以把产品验收放在最后,是因为它是产品上线前最后一道把关,这个环节产品经理一定要亲自体验产品,千万不要委托别人,因为只有你自己知道当初设计时的每一个功能逻辑是什么。

验收环节记得喊上交互设计师和视觉设计师,如果行距、字体大小有出入,出于职业的本能他们一眼就能看出来但产品经理却不一定能。同时在实际操作产品时,如果交互体验不佳也能跟交互设计师一起讨论,及时调优。

☑ **更新帮助中心**

记得更新帮助中心的文档,不仅新的产品要新增帮助文档,老产品优化后也要更新原有的帮助文档。想必大家最不能接受的是产品已经迭代多次了,帮助文档中的界面截图还是最老的版本。及时更新帮助文档是产品经理专业性的体现,同时也会影响公司的专业性。

☑ **更新 AppStore**

如果是 App 发版,做了较大的版本更新,记得要增加本次更新的功能介绍和应用商店的产品介绍图。同时在发布后要确认各个渠道上传并生效的版本确实为最新的版本。

清单的好处是能够将看似复杂繁琐的事情用简单的形式固化下来。在《清单革命：如何持续、正确、安全地把事情做好》一书中,作者阿图·葛文德阐述了将复杂的事情用清单解决的价值,因为人的大脑在处理问题时会受当时情绪、所处环境等因素的影响,这些因素往往会干扰我们的判断,导致随机性、不可控概率增加,而用最原始的清单完美地解决了这个问题。

如何评估产品上线效果——"4+2"

新产品、新功能上线后,如何用数据衡量上线后实际产生的效果影响是产品经理常常碰到的难题。最常用的几种分析方法总结如下,分别是 4 个实验对比方法以及 2 个验证可置信的方法。

4 个实验对比法

1. 前后对比法

产品上线前后,找出同期可比时间段,比如上线前 20 天和上线后 20 天这两个时间段的交易量增幅以及趋势图。

增幅直观地将效果量化成数字:

增幅:$x\% = (b-a)/a*100\%$

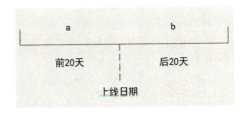

趋势图可观察到随着时间的变化,整体的趋势是上扬还是下行:

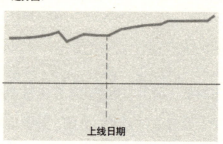

前后对比法的优点是简单易操作,缺点是没有考虑在对比的时间段内别的运营活动、产品上线等杂糅的因素影响。比如产品上线同期搞了一个运营活动,这个活动也会带来一定的交易增长,从而导致产品上线的效果衡量失效。如何排除这些因素对效果分析的干扰,下面引入大盘对比法。

2. 大盘对比法

大盘对比法将大盘在上线前后受各种干扰因素影响而引起的变化作为参考值。

比如,新产品使用人群的交易增幅对比大盘人群的交易增幅:

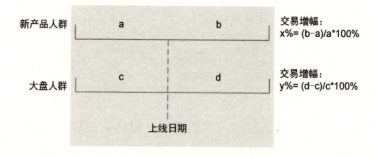

假设 x%=10%，y=5%，说明大盘同期也在增长，但新产品的增幅高于大盘的增幅。

假设 x%=11%，y=10%，说明新产品和大盘的增幅没有明显的差异，这时候产品经理就要去继续细分场景分析，那么就要用到下一个分析方法：分层对比法。

3. 分层对比法

分层的方法有很多种，比如按人群特征（性别、年龄）、按行为特征（使用时长、交易笔数、活跃度），可以根据不同业务场景结合你的洞察选择合适的分层方法。

比如按交易笔数不同来分层，从下图示例中我们可以发现一个有趣的现象，交易笔数小于 20 笔的增幅明显高于大盘增幅，而交易笔数大于 100 笔却低于大盘增幅，由此可以得出一个初步的判断：新产品对于交易笔数 20 笔以内的人群效果明显，对于 21～100 笔的人群没有明显的效果，对于 100 笔以上的人群可能有负面效果。如果不做分层分析，我们会发现大盘的整体增幅和新产品的增幅可能会相近（原因是新产品对交易笔数少的人群正面效果明显，对交易笔数多的人群有负面效果，两者相抵消），而事实上尽管产品上线带来的整体增幅有限，但其对不同层级人群的影响不容低估。而这一点在总体数据中就无法看出来了。

交易笔数分层	新产品增幅	大盘增幅
0~10笔	20%	5%
11~20笔	13%	4%
21~50笔	6%	5%
51~100笔	3%	4%
100+笔	1%	2%

4．AB 法

大盘对比法能排除同期大盘干扰因素，而且简单易操作。但最大的缺点是大盘的人群和新产品的人群可能特征不同，尤其不能回避的是使用新产品的人群一般都是更活跃、乐于尝鲜的人群，这部分人群可能是大盘中更优质的人群。那么，如何规避人群特征带来的影响呢？我们再看下一个分析方法：AB 法。

选两个人群相近的样本，让 A 人群使用新产品，而 B 人群不使用，最后来对比两组人群的数据表现。

做 AB 分析，首先要在实验前提前准备好人群样本，一般来说先抽取一个新产品的适用人群集合，将这个集合的人群分层（按交易笔数、按活跃度等维度），在每个分层上随机抽取等量人群分配到 A 组和 B 组。最后得到了理论上具有同样特征的两组随机人群。

其次，通过人群投放的方式或者 AB 测试分流的方式，让 A 人群可见新产品而 B 人群不可见，最后将 A、B 两组人群的数据效果 x%和 y%进行比较。

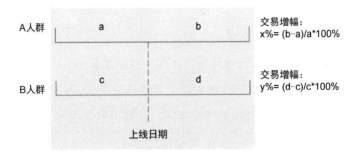

以上是我常使用的效果评估方法,每种方法都不是完美的。即使相对客观的 AB 法,虽然是随机抽取人群到 AB 组,但前提还是先分层,分层是否合理直接影响抽取到 AB 两组的人群是否有可比性。

面对以上 4 种"无法做到完美"的分析方法,如何验证实验结果可置信,通常选择以下两个方式中的一个来辅助验证:

2 个验证可置信的方法

1. 显著性检测

在统计学上有一个神奇的 p 值,如果算法得出 $p<0.05$,则认为本次分析结果可置信,若 $p\geqslant 0.05$,则不可置信。

那么,p 值原理是什么?又为什么是"0.05"而不是其他值?p 值简单来说,它的基本原理是假定某事件 H'的对立面 H 成立,以 H 假设为前提,将它的概率分布和统计学上一些随机变量的概率分布进行比较,得出有多大可能性得到 H,如果可能性

$p<0.05$，说明小概率情况下才能出现 H，我们便可以有信心地拒绝假设 H，接受假设 H'。在许多研究领域，0.05 的 p 值通常被认为是可接受错误的边界水平。

举个例子来更直观地说明。一项实验结果显示实验组 A 人群交易增幅为 10%，参照组 B 人群交易增幅为 5%。为了验证实验结果可置信，假设 A 和 B 的增幅相同，计算得到 p 值=0.04（一般用 T 检验计算），说明 A 和 B 增幅相同的概率是 0.04，可能性非常小，那我们就有信心说，得出 A 人群的增幅 10%和 B 人群的增幅 5%不是巧合，而是具有统计学意义的。

2．ABB'检测

ABB'检测是 AB 法的衍生，其中 A 是实验组人群，B 是参照组人群 1，B'是参照组人群 2，它是为了进一步证明 AB 实验效果的可信性。具体来说，若实验结果显示 A 人群的数据结果和 B 人群的数据结果有明显差异，而 B 人群和 B'人群的数据结果没有明显的差异，那么说明实验结果是有参考意义的；若 A 和 B 有差异，而 B 和 B'也有差异，那么实验结果就不一定有参考意义，要进一步看人群的切流上是不是有问题，还是产品上线后确实没有效果。

以上是 4 种常用的效果分析方法和 2 种可置信的验证措施。在实践中要根据实验的条件、人群的规模、实验的时间场景选择合适的方法，每一种方法都不是完美的，但目的都是一样的，那就是去慢慢逼近真相。

产品出现重大故障的应急处理

大多数产品经理应该都不曾经历重大级别的故障,希望你永远也不会遇到。我把自己经历的重大故障的应对方式作个小结,供大家参考,以备不时之需。

重大故障来了

重大故障是指影响大量用户使用或引起了严重后果(包括但不限于引起资金损失、隐私泄漏)的故障,一般分两类,线上类故障和线下类故障。

线上类故障:影响用户在线使用场景,比如在 2016 年 9 月 7 日,知乎大量用户登录后个人首页展示的是他人的信息和私信,同时也有机会看到他人的匿名回复,是涉及隐私泄漏的严重事故。

线下类故障:影响用户线下使用场景,多见于线下实物发生问题,比如大量共享单车密码锁发生故障,用户线下扫码无法打开。

不同类型的故障影响面和持续时间不同,一般来说,线上故障的影响面更大,线下故障由于是散点分布,持续时间会更长。

如何应对

当重大故障发生时,对产品经理的心理是极大的考验,这时候不要乱了阵脚,沉着应对,做好当下的事情。

1. 评估影响面

召集技术人员跑数据，明确事故影响的用户量级。同时评估是否涉及用户资损或隐私的泄漏，这两个问题是用户最不能容忍的错误并且极易引发公关风险。明确影响面能更好地判断事故的严重程度和"止血"方案的轻重缓急。

2. 制定"止血"方案

首先，产品经理必须清晰定位问题产生的根本原因，只有原因找到了才能有对应的处理方案，不然根源没找对，为了解决这个问题，兴许又会引发其他一系列连锁反应。

其次，召集技术、运营、公关、法务这几个关键的角色共同确定"止血"方案。充分借助每个角色的优势，运营和技术不用多说，重点关注其他角色的如下产出：

公关：评估是否会引起舆情风险以备提前应对，并提供产品对外发声的指导原则。

客服：建立应急投诉机制，安排人员值班，并确保各个热线有负责人对接客户问题，同时建立补偿机制，负责资损定级和补偿流程落地。

法务：评估故障有没有涉及被诉讼风险，并评估"止血"方案的合规性以及会不会引起别的法律问题。

对于线上类故障，如果"止血"措施是关闭功能、不可访问，务必要挂公告，以免用户产生疑惑，爆发更大规模的来电咨询而挤爆热线。如果只涉及部分人群，尽量圈选对应人群挂公告，减少其他用户的恐慌和事件的影响面。

对于线下类故障，由于用户都是分散在线下的，发生问题时无法集中通过产品公告触达告知用户。所以要特别注意，关于"止血"的时间，不是越快越好。对于已经发生的故障，如果范围不快速扩散，应尽可能在客服人力充足的时候"止血"，避免关闭某功能带来大量的客户咨询，进而导致热线无人接听，用户的不满在公众平台宣泄传播，让事件的影响面扩大引发舆情。

3．制定补偿方案

未造成用户损失的情况下，对用户的补偿叫心意金，心意金给多少视情况而定，形式也有很多种，例如补偿现金、代金券或积分等。

已造成资损的，损失多少赔多少，这是重建用户信任最起码的措施，同时最好兼以心意金补偿。

客服部门应提前评估补偿标准和补偿等级，如果事故持续时间较长，那么这个机制要一直保留，直到问题解决为止。

4．确定对外发声的原则

对用户的告知声明，一般通过挂公告或在用户使用流程中增加提示。由公关人员确定发声的原则，以这个原则为指导，由运营或客服人员拟定即可。

如果由于故障爆发了舆情，公关人员要对外发声。在互联网如此透明的今天,开诚布公地说明问题和真诚地采取补救措施比任何模棱两可、斟酌掂量的华丽词汇都更简单有效,也更容易获得用户的原谅并重建信任。

墨菲定律

墨菲定律认为:"如果事情有变坏的可能,不管这种可能性有多小,它总会发生。现在没发生,只是时候未到。"对应产品经理的日常,当接到用户反馈的问题时,多想想这个问题是个案还是有可能波及大片用户,千万不要心存侥幸,尽早发现问题,减少故事演变成事故的可能。

第七章

产品经理的定力养成

A FIELD GUIDE TO
PRODUCT MANAGER

产品经理需要具备哪些天分

我常常在想，到底什么样的人适合做产品经理？有本书叫《人人都是产品经理》，再看看身边的产品经理，确实学什么专业的都有，好像真的人人都可以跨入这个行业。我想先从"天分"开始，说说好的产品经理到底需要具备哪些天分。

敏感

我认为"敏感"是老天爷给予一个人的礼物。敏感的人对世界万物感知敏锐，会本能地从对方角度考虑问题，去感受别人的心情、面临的问题。敏感的人天生具有共情能力。

在心理学上，共情分为情绪共情和认知共情，情绪共情是指能对他人的情绪感同身受并由此产生相同的情感共鸣，例如看到在乎的人哭泣，自己也会想落泪；认知共情是对他人情绪状态的准确认知，并去推理和理解这背后的原因，例如他为什么会哭？是受了什么委屈？我们这里所说的共情能力，更多是指认知共情。

具有敏感共情能力的人，擅长通过直觉去做判断，很多时候拿着一堆数据去佐证会有导向性，但人的直觉是最原始的，喜欢、厌恶、舒服、不适都来自人最原始的本能。

当然，敏感有时候也会是一种负担，因为对这个世界的感知能力太强，微小的变化也能感觉出来，所以敏感的人会非常累。

这时，就要找到调节释放的方式，比如找个安静的地方待着。另外，敏感的人发挥不够稳定，要及时关注自己的情绪变化。

好的产品经理，首先应该是一个敏感的人，不信你留心观察下。

导演能力

产品经理的工作其实是给用户造场景、讲故事，一个故事由多个片段构成，每个片段互有承接，必须一镜到底。就像下棋一样，要有走一步看三步的能力，这样做出的产品才不会是单点的，不至于上线后才发现只做了1，没考虑1带来的对2、3、4的关联和影响。这就像日本导演北野武在拍电影前脑袋里会提前将每帧画面都走过一般。故事线的导演能力也是老天爷给的一种天分。

当然，熟练经验和多类产品涉猎，一定程度上也可以融汇成产品设计的知识体系。人类思考有两种方式：归纳和演绎。它们的不同之处在于，归纳是由个性到共性，是"现象→结论→规则"的收敛思考过程；演绎是由共性到个性，是"规则→现象→结论"的发散思考过程。大部分产品经理都擅长归纳，根据用户反馈或现象提炼满足用户诉求的功能点，而演绎能力稍弱。演绎能力的训练，除了积累经验之外，增加和同行的交流、扩大行业知识面同样重要，这样在实际运用的时候才能唤起大脑的更多触点，具有更广的延展性。

快速把握问题本质的能力

电影《教父》中有句经典的台词:"能花一秒钟就看透事物本质的人,和花半辈子都看不清事物本质的人,命运注定是截然不同的。"

产品的本质是能解决某一个问题,所以产品经理能快速看清问题的本质是非常重要的。用户说我想要一个"A",你要穿过"A"看清他背后真正想要的是什么,也许最后你给用户的是一个"B"才对。就像《日本的细节》一书中提到,早期日本人也爱闯红灯,如果按照表象,只要惩罚闯红灯的人就能解决问题了。但执政者并没有这么做,而是通过多次体验走访,最后发现路人等红灯的忍耐极限是 90 秒,所以政府调整了红灯的时长,同时在人流密集路段安装了倒计时读秒信号灯,让行人的等待有预期;并通过行政手段推行行人优先理念,对机动车不礼让行人的行为进行严惩。在这一系列措施推行后才从根本上解决了行人闯红灯问题。

问题越复杂,越需要尽快穿过层层迷雾看清它的本质。这就要求产品经理具备以下特质:

- 面对复杂问题时,能快速厘清思路;
- 面对选择时,有坚定的"要与不要"原则,不被别人的声音左右;
- 面对提问时,简单直接表达,不长篇大论。

在具备以上天分后,具体到实际执行,产品经理还要有

"始"和"终"两种特质。

始：好奇心

作为产品经理的罗永浩经常挂在嘴边的一句话就是："这是一个千疮百孔的世界。"

好的产品经理不能总是感觉岁月静好，而要随时发现身边存在的各种问题并对这些问题的解决保有强烈的好奇心。好奇心是对世界产生兴趣的起点。只有对一个事物产生兴趣，才会投入研究。缺少兴趣的人内心难以形成做出与众不同的事情的动力。

一个产品经理的使命，就是能让人的生活更美好，如果没有对这个世界的好奇心，产品经理是不会心心念念地去思考、去实现、去让想法慢慢成形的。

终：能落地

产品不是一个 PPT，规划完就了事了。产品经理要找到切入点，影响跟你合作的人，把想法转化成真实的产品。也许做出的产品并不完美，但一定要落地，让市场检验，成功了则好，失败了就当积累经验教训。任何在实践中摸爬滚打的人，都是值得尊重的。

我认为，"敏感""导演能力""把握本质"是产品经理最重要的天分，其实就是我们通常说的——有悟性。"好奇心"和"能落地"是做事的起点和终点，有了它们，好的天分才能发挥出来。

用户型、商业型、平台型、硬件型产品经理的区别

按各大互联网公司人才招聘及培养的分类，产品经理一般分为用户型、商业型、平台型、硬件型和数据型。我认为各个类型的产品经理都要有获取数据、分析数据、应用数据的能力，所以我将数据型产品经理融合在其他类型的产品经理里。

用户型产品经理

用户型产品经理是用户的代言人，对产品体验负责。典型的用户型产品经理有以下特征：

（1）偏感性、敏感的人，这样的人天生会有同理心，能够对用户的使用情境感同身受；

（2）有强烈的好奇心，可以为了研究某个新产品，把行业内的 App 下载个遍，逐一研究；

（3）有好的交互设计能力，即使配备的交互设计师不尽如人意，也能及时介入纠正。

用户型产品经理关注的数据主要集中在用户行为方面，侧重于用户的点击、停留时长、热点眼动追踪、访问路径、用户留存等数据，基于这些数据分析来进行产品的体验优化。

商业型产品经理

商业型产品经理是公司战略的代言人,通常负责营收类产品设计,比如阿里妈妈的广告产品,亚马逊的 Prime 会员产品等。

典型的商业型产品经理要保持行业的敏感度,善于抓住转瞬即逝的商业机会,而不是坐在办公室里设计产品。尤其对于 ToB 的商业型产品,设计产品的工作甚至会交给研发团队去完成,产品的完整性和可用性变成次要的事情。因为行业诉求差异化太大,竞争对手的动作又很快,没时间让产品经理慢慢打磨产品。有时候画一个 demo 就拿出去给客户讲,客户认可之后马上找研发人员做。如果团队没有研发人员,要考虑找外包、找服务商,总之要想方设法把产品快速做出来服务客户。

商业型产品经理为产品的生死负责,决定产品生死的直接因素就是产品的商业产出。ToB 的产品经理要借力地推销售人员,找到切入机会,让他们有动力帮你推广销售产品,而 ToC 的产品经理要挤破脑袋为产品找流量,寻找异业合作的可能性。

商业型产品经理,关注的数据就是"钱",看定价、看收益、看投入、看毛利率,所以既是设计者又是掌柜的。

平台型产品经理

平台型产品经理是运营的代言人,对效率负责,通常负责通用能力的建设,更好地为上层业务服务,比如 CRM(客户关系管理)、运营平台的产品经理等。

典型的平台型产品经理，具有抽象事物的能力和一颗包容的心。他要具备基于业务场景输入，将其抽象成可供上层业务复用的基础能力。比如交易平台的产品经理，要基于多种多样的交易模式，抽象出其核心的东西：创建订单、计算优惠和运费、支付、订单履行、订单列表、订单详情，即使再来更多的业务模式也是这几样，万变不离其宗。

平台型产品经理要有颗包容的心，也许业务的需求刚开始听起来很奇葩，但过段时间再来回顾，可能就是一个很正常不过的需求了。这也不做那也不做是做不好平台的，要借业务的发展让平台产品沉淀得更厚实。

平台型产品经理要耐得住寂寞，因为往往做出商业决策的是前面的业务，业务提需求给平台，借助平台能力快速支撑业务跑起来，平台起到的是发动机的作用。一旦出了成绩，人们首先看到的是外表光鲜的汽车而不是藏在里面的发动机。平台型产品经理要耐得住寂寞，才等得到花开。

硬件型产品经理

这几年智能硬件很火，既懂互联网又懂传统硬件制造的产品经理很稀缺。硬件型产品经理是综合型的人才，是"用户型产品经理+商业型产品经理+传统硬件制造业产品经理"的综合能力者，比如小米手环、天猫精灵等的产品经理。

首先，硬件型产品经理是一名商业型产品经理，要判断所定义的硬件产品能否被市场接受，和竞争对手比优势是什么，产品的壁垒是什么，定价策略是什么，且要关注线上线下销售渠道的选择和拓展策略。

其次，硬件型产品经理也是一名用户型产品经理，要有基本的工业设计理念，大到硬件产品本身，小到包装盒说明书，都要亲自把控，跟结构工程师和工业设计师紧密合作，由结构工程师（相当于软件工程师）把关产品设计的合理性，工业设计师（相当于交互设计师）设计出受用户喜爱的产品外形。

最重要的是，硬件型产品经理对硬件生产制造环节、供应链的品控要非常熟悉，要能清楚地背出物料清单、核心零部件对应的供应商并能根据未来的需求评估开几套模具、产品需要做哪些认证。整个硬件生产售卖过程环环相扣，还要协调好备料、采购周期、开模周期、生产周期和销售周期之间的关系。

硬件型产品经理需要有大量的实践经验积累，多跟着供应链和品控人员跑跑，坑踩多了自然就熟悉整个流程了。

硬件型产品经理在数据上会关注产品的定价补贴、生产成本、ROI、毛利率，用于商业决策；同时要监控用户使用过程的数据，用于体验优化。

以上是对各个类型产品经理需要具备的典型特征的总结。在实践中，我们往往会碰到某个产品经理各个类型交织在一起，既是用户型又是平台型，既是商业型又是用户型。如何判断你现在属于哪一类型的产品经理,主要看产品自带的属性,判断的优先顺序是:硬件属性>商业属性>平台属性>用户端属性。举个例子,亚马逊 Prime 会员这个产品既有商业属性又有用户端属性,但我们会把它归在商业型产品经理范畴。我们把不属于硬件属性、商业属性、平台属性的产品,归在用户型产品经理的范畴。

从以上优先级可以看出,用户型产品经理门槛最低,入门级的产品经理可以先从用户端做起,有用户的监督反馈,且市面上有那么多可以参照的产品,想做得烂都很难。但商业型、平台型很考验产品经理真正的能力,市面上基本没有可供参考的产品(一般属于保密级别),产品要从 0 到 1 做起,产品经理的判断能力就会尤为重要,没几年的行业实践经验是做不好这类产品的,而硬件型产品经理更是如此。

"产品狗"和"程序猿"的相处之道

2019年互联网圈有个热点事件,据说是某公司的产品经理和程序员因为需求没谈拢打了起来,我们通过网上流传的双方对话,脑补下当时的情节。

产品经理:这有个方案,老板已经拍板了,马上要做。就是App的主题可以根据手机壳颜色来改变。

程序员:可以,那你给我个手机壳颜色的接口。

产品经理:什么接口?

程序员:你不给接口我怎么知道你的手机壳颜色?

产品经理:你不能自动识别吗?

程序员:怎么识别?你告诉我。

产品经理:那我怎么知道,这是你们开发的事情,我现在要说的是这个功能。

程序员:等一下,这个手机壳,就是市面上随便都能买到的手机壳?

产品经理:是啊,不然呢?

程序员:不是什么官方开发的新型手机壳?系统能识别的那种?

产品经理:哪有那玩意啊!

程序员:那这做不了。

产品经理：怎么又做不了了？我还没说完功能你就做不了？

程序员：我要怎样才能让系统识别你现在手机壳的颜色？有没有装手机壳都识别不了好吗？

产品经理：都说了识别是你们开发的事，识别不了就开发一个让它识别啊。

程序员：××你当 App 是狗啊！你训一段时间它就能识别红色蓝色啊！

产品经理：行了行了，都说是你的事了，我不管这些，我就说这个功能，要上！

程序员：那你找别人吧。

产品经理：那行，我找总监去，说你完全不配合。

程序员：××××！

干架中……

虽然在日常工作中产品经理和开发工程师打架鲜有发生，但双方确实会常常因为需求谈不拢吵得面红耳赤，产品经理如何跟程序员沟通也是一门艺术和技术活，以下这些实践中总结出的相处之道，希望能对产品经理的日常工作有所帮助。

讲清楚做事的价值

产品经理首先要理解所做项目的意义才能推动他人去共同完成。切记不要说"是××领导想要的，其实我也不太看好"这类托词，如果自己都不相信，又如何影响他人？产品经理首先要先人一步去思考，想不清楚的可以和业务人员、上层领导交流。

耐心倾听反对意见

如果工程师反对你的想法，你要认真倾听他的意见并且要与他对视，以点头来回应你在消化他说的内容，在他讲完之后给出你的看法，也许不是完美的回应，但是是值得大家一起讨论的，而不是一锤子打死："你说的不对，你要听我的。"

建立互信

人与人的信任是相互的，产品经理和开发工程师的相处是一个长时间的磨合过程。当开发工程师跟着产品经理做了几次项目后，一般会对产品经理的靠谱度有基本的判断，这里所谓的靠谱包括：

（1）所做的产品得到用户的认可。

（2）即使用户不认可，但产品经理会持续不断迭代优化而不是放任不管。

如果你是这样的产品经理，那么恭喜你，开发工程师已经开始信任你了。

产品经理对开发工程师也要保持充分的信任，比如你觉得开发工程师的排期预留时间太长，这时建议你不要跟他抠细节，"不就是一个小按钮嘛，怎么会用 3 天的时间"，而是从项目重要性的角度去跟开发工程师沟通，请他来决定是否要重新调整排期。对方感觉到你的信任和尊重之后，以后的排期才会越来越没有保留。

承担责任

当产品出现了故障或项目延期发布，可能是工期太紧所致，也可能是开发工程师的失误所致，这时候产品经理要站出来为自己的产品负责，不要推诿责任。与伙伴们共渡"磨难"后，在今后的前行路上大家将互相成就。

关注细节

大部分开发工程师并不擅长成果总结，这时候产品经理要充分共享你的总结成果，及时把信息分享给他们，只有他们成功了你才有更加坚实的后盾。同时在用户调研、业务讨论会上，也记得邀请开发工程师参加，这样他们就不是被动地接受需求，而是主动地思考如何让产品、让业务变得更好。多多关注相处过程中的细节，你将是一个在众人心目中有魅力的产品经理。

以上几点说起来容易，真正做起来会很难，如何形成习惯、形成身体记忆，是需要产品经理在前行路上不断去修炼的。

"产品狗"和"运营喵"从相杀到相爱

产品经理在日常工作中接触最多的,除了开发人员之外就是运营人员了。作为产品的下游协同方,运营人员主导着某一项目/活动/业务,同是主导方的产品经理则负责某一功能/产品/产品线,显然这两类人群都是强势人群,皆非"善类"。两强相遇,交锋在所难免,相信作为产品经理的你在职业生涯中没少和运营人员"相杀"过,尤其是在平时的需求沟通中更为显著。

我们首先剖析下双方"相杀"的根本原因。

结构化思维 vs 发散化思维

通常产品经理偏结构化思维,运营人员侧重发散化思维。结构化思维是归纳能力,是由整体到局部,再从局部到整体的树状的思考过程;而发散化思维是演绎能力,由单点逐步衍生出多点并持续不断衍生,是网状的思考过程。双方的思维方式不同,注定双方在沟通过程中不在一个频道上,需要彼此之间调频。

用户导向 vs 目标导向

产品经理是用户体验的守护者,常常以用户为中心;而运营人员是以目标为导向,为了实现目标调动一切可利用的资源,是资源整合者。所以,在一个项目/活动中,产品经理在运营人员看来只是众多资源中的一环。如果运营人员的目标和用户体验发生部分冲突,这时候产品经理有权利说"不",运营人员也有权利说"这是当前业务发展阶段必须要做的"。所以,这也会让最终的决策不是完全由一方做出的,而是双方互相制衡的结果,以达到用户和企业利益的均衡。

踩过界

相信大部分产品经理都有"工作洁癖",就是不希望别人对自己的产品指手画脚。但若碰上一个心思缜密的运营人员,他不光会讲"为什么(why)"还会将"怎么做(how)"——比如产品需求描述、交互原型——也事无巨细地提出来,连同产品经理的活也一起干了。就像产品经理不光做产品还写出了运营计划是一个道理,最终的结果是双方互相不认可对方的方案,其实背后并不是方案本身的问题,而是各自逾越了边界。

那么,产品经理如何做到与运营人员更好地合作,成为"相亲相爱的一家人"呢?

聚焦式的沟通

由于双方思考问题的模式不同,产品经理以结构化思维为主,运营人员以发散化思维为主,这就导致了产品经理认为运营人员的沟通没有重点,运营人员认为产品经理缺少创新。解决的办法是,产品经理在沟通前要提前想清楚焦点(沟通的目的和主线是什么),在沟通中及时把运营人员拉回到焦点上来,围绕焦点来沟通。

如果真的需要头脑风暴，可以单独设立个议题发散讨论，这时候会议的主线索性以放为主，以收为辅。

放下任务，倾听问题

放下你的产品包袱去挖掘运营人员需求背后的原因，不要边听运营人员讲着需求还边想着："这个工作量太大，要改造才能满足他的需求。"放下任务并认真倾听特别重要，只有理解了对方的动机，才能产生后面的有效对话。

除了倾听和思辨地去提问挑战之外，更重要的是要帮运营人员解决问题，运用你的逻辑化思维去帮助他分析各种可能的解决方案，如果能用更轻量级的甚至不需要开发的方式落地，那是最好不过了。运营人员需要的是能帮助他解决问题的人，如果你能急运营人员之所急，那么你和运营人员之间的信任关系才会建立起来，你们后面的合作才会建立在互相信任、互相欣赏的基础之上。

课题分离，给对方留白

很多时候，产品经理和运营人员之间的争论原因是各自承揽了太多对方的任务，其根源是没做到"课题分离"，就像《被讨厌的勇气》一书中写道，"人际关系造成的烦恼，其实都源于对别人课题的妄加干涉，或者自己的课题被别人干涉"。只要能进行课题分离，合作关系就会发生巨大改变。

运营人员可以想想这个需求的产品方案应该怎么做更合理，

但一定要克制，不要越俎代庖，在产品经理提出方案后，再发表你的顾虑点或者提出更好的方案。同样，产品经理也一样，在做产品的时候可以多想想怎么推广运营才能更有效，你可以提出建议但不要自己动手把运营人员的事干了。保持克制，即使知道答案也不要马上说出来，多留给对方一些时间去消化，也许以他的专业能力最后呈现的方案会更好。要为对方留白，如果真的需要你来干的时候再及时补位。

谁最了解用户，谁说了算

谁最了解用户，谁最了解业务，谁就最有发言权。产品经理要多去体察、接触用户，只有了解用户才能对运营人员提出的问题感同身受，并感知它的紧急度。同时，运营人员要充分共享业务目标以及背后的原因，这能够让产品经理和你站在同一战线去思考问题而不是站在你的对立面。

产品经理和运营人员的"相爱相杀"是常态，因为我们走的都是没有人走过的路，抱着开放的心态去"相杀"，抱着毫无保留的心去"相爱"。在"相爱相杀"中，真理会越辩越明，前行的路也会越来越明朗。多向前一步，用你的"包容"和"专业"让"相爱"多一点，"相杀"少一点。

产品经理常犯的 7 个错误

结合我自己的经历和观察到的现象,谈谈产品经理容易犯的 7 个错误,希望你可以避免。

1. 没看清大趋势

只顾低头做事没有抬头看天。时代大趋势都变了,还守着一亩三分地,不断地优化来优化去,优化得再好将来都没什么人用了,还有什么意义?典型案例就像前几年无线时代即将到来,有些产品经理还在讨论 PC 端页面的布局怎么才能更好,这就是没看清大趋势。

还记得我刚入职淘宝负责"赛马"出来的一个创新项目,当时我做了一个不明智的决定,先做 PC 端,上线后跟那么多成熟的产品抢占商品详情页的资源位,可想而知得到的支持是多么地小,最终上线 1 个月后产品就夭折了。当时无线领域简直是处女地,想往哪放往哪放,可惜没有把握住那么好的机会。

产品经理要能看清时代和行业的大趋势,预判通往这个趋势的路径,抓住机会,只要在风口上,猪都能飞,何况是训练有素的产品经理。

2. 把产品当自己的私有财产

我曾经做逆向交易有 4 年之久,逆向交易是我职业生涯中感情最深的一款产品,就像自己的孩子一样。伴随着交易量的飞速上涨,逆向交易从基础的退货、退款,发展到用户维权、客服介入判决以及各种体验创新——极速退款、0秒退款、闪电退货等,但越做到最后越感觉有一种负面情绪笼罩着我,其他人跟我提需求会很反感,为什么呢?这就跟养孩子一样,自己辛苦养大的孩子,别人要给孩子身上搭配个非主流的链子,做个"洗剪吹"的发型,自己能乐意吗?

不光如此,产品做久了,自己还会带有先入为主的偏见,"你要听我的,我做了这么长时间还不知道怎么回事?"没有从对方的业务角度去看问题,而带入了太多主观感情。如果发现自己有了这样的情绪和偏见,建议你尽快换个产品,于人于己都有好处。就像孩子长大后,妈妈最终要放手是一个道理,不然会越来越糟心。

3. 识别不出伪需求,识别不对优先级

需求方说我想做一个××功能,产品经理没有深挖背后的原因,糊里糊涂就做了,往往到最后发现需求方用不上。"我要做××功能",一般面对这种描述,产品经理要先请他讲讲为什么要做,目前面临什么困难。这几个问题问下来,十有八九就能识别出伪需求,产品经理不要被这种伪需求蒙蔽了双眼。

如果对方同时有多个需求,在人力有限的情况下哪个先做哪个后做,怎么去判断优先级?不要靠直觉去判断,当然不排除有天生直觉特别准确的产品经理,但更多时候要靠一些方法去指导,这样就不会来一个需求犹豫不决,再来一个需求斟酌半天。

我的办法是按重要度和紧急度排,如下图:

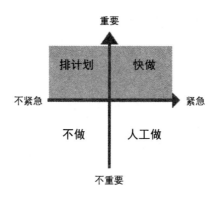

把大部分精力投入在灰色象限。对于重要的需求如何判断它的紧急度,大的准则是:商业价值>用户体验>平台沉淀。如果有商业机会出现,那么要快速抓住去试,其次是用户体验,根植在产品中持续不断优化,最后才是平台能力沉淀。

4. 不重视反馈入口

我相信很大一部分产品经理,并没有把反馈入口作为产品上线的标配。没有反馈入口,产品经理会像盲人一样纯粹靠猜测去做产品改进优化。有了用户反馈,产品经理不仅能知道用户在使用过程中遇到了哪些问题,更为重要的是能第一时间获知用户的花式玩法,得到更多的创意灵感启发。

5. 到处抓东西做

当一个业务处于起步期,很多产品需要从 0 到 1 建设,有的产品经理会这个掺和做一些,那个掺和做一些,舍不得放弃任何一个可以插得上手的产品。每天忙于开会和事务性工作，其实并不清楚所做的事情在整个组织中的价值有多大，也不清楚自己的主线是什么，更不清楚自己的核心竞争力是什么。曾经有一位合作的产品经理找到我说："最近我实在太忙，××产品本来就应该归属在你这边的，后面你要不接手了吧？"我谢绝了他的邀请，当然不是故意的，而是我在了解情况后判断它不是一个主流、有攻击力的产品。产品不是抓得越多越好，做精最重要。

6. 照搬竞争对手

我曾经参与过一个新的营销玩法项目，耗时几个月上线。由于该玩法是在自营电商平台长出来的，在第三方电商平台上水土不服，最终的效果不尽如人意，后面再也没用过这个营销玩法。这个案例带给我们的启发是，面对竞争对手的产品，不要急于跟进照搬，先认清自己最大的优势在哪里，以及该产品是否适合我们的业务、场景和用户。如果盲目跟进竞争对手，盲目照搬，只会乱了自己的阵脚。

7. 外貌协会

有的产品经理会陷入视觉好不好看的漩涡出不来，试想产品从一个普通的排版变成卡片风格的排版，有几个用户能注意到？产品设计得再酷炫，没有抓住本质的问题依然是治标不治本。绝大多数用户是急功近利的，使用产品就是要达到某个目的，把页面速度提高一点、主路径做得用心一些,比那些锦上添花的东西要实在得多。

以上这些问题,有的是我亲身经历的,有的是看到别人犯过的错误,希望每一个产品经理人在日常精进中,能够少走这些弯路。

你有产品"定力"吗

有段时间我同时做几款产品,老板跟我说:"你看,你这么忙,这个产品不是咱们的重点,给别人做吧。"遇到这种情况怎么办?是听老板的话放弃,还是说服老板继续干?

这样的情况很熟悉吧,大到方向的判断,中到重点投入做哪一个产品,小到图标是圆角还是直角,诸如此类,作为产品经理几乎每天的工作都是在做决策。

若在以前,老板都要放弃的产品我肯定也不做了,可如今我像着了魔似的就想让它变得更好,是什么原因呢?我想来想去,把它称为"产品定力"。

有了产品定力,在别人质疑你的产品价值的时候,你才能够坚信不疑;在别人担心上线风险的时候,你才能够镇定自若,在大家因为一个交互弹层争吵的时候,你才能够不假思索。

产品定力是一个看不见摸不着、不可具象的东西,作为一名产品经理,如何才能获得产品定力呢?

磨炼方向感

不断培养你的产品方向感。像刚学开车的人,会紧紧地握住方向盘生怕跑偏,等开熟练了,有路感了,单手握方向盘哼着小调也能轻松驾驭。练习得多了,自然就有了方向感。这里的练习不一定都是你自己去操作,尤其是在大公司,没那么多机会负责多个产品。

你可以留意身边的同事、你的老板、合作团队,在面临一个产品决策的时候是怎么进行的,从最初想法如何产生,不确定因素有哪些,风险有哪些,如何规避风险,如何发挥优势,到最终决定的方向,策略上如何执行,为什么这样做而不是那样做等问题,想想如果换做是你会怎么做。用这样的日常练习,不断磨炼方向感。

不要忘了,除了工作中接触的产品是练习的机会,竞争对手的产品也是可供你学习的案例。观察竞争对手的动向,他们最近推出了什么运营活动、什么新产品,想想为什么推出这些,反推他们的重点方向是什么,继续观察几个月后他们推出的运营活动/产品运行的如何,用户是否买单,买单的原因是什么,哪些打动了用户,是利益还是体验?不买单的原因又是什么?是时机不对,方向不对,还是利益没打中?

这里可以遵循"观察——深挖原因——人设假设——验证 KSP(关键成功点)"的方法。

观察:要客观地进行,不要带入个人主观因素。比如你觉得"合作团队就是一团浆糊,能做出什么好的决策",不要带着这种偏见观察。尊重每一位实践探索的人,只有客观地观察才不会影响你的判断。

深挖原因:去探究最深层次的原因,切记要先思考再问问题，不要怕丢人，抱着学习的心态就无所谓被人笑话了。

人设假设：假设自己是要做出决策的人，会怎么做？会跟当事人一样一路向北吗？还是有另外一条向南的路径？

验证 KSP：实践检验，追踪最后的结果，验证当初的决策是否正确，是你的正确还是别人的正确，总结出关键成功点，或不成功的原因是什么。很多时候，一件事情能做成，是在合适的时机做出了合适的判断并能快速地落地。一件事情没做成，也不代表它就是错的，也可能是时机不对，或执行得不好。所以我们要全面判断后再得出最终结论。

在一个行业/领域深耕

产品经理是一个极度普适的职业，坊间流传着这样一个"典故"："你会开发吗？""不会。""你会设计吗？""不会""那你去做产品经理吧。"人人都是产品经理不假，但不是人人都能成为好的产品经理。

找一个感兴趣的行业或领域扎进去，坚持下去，你就是专家。比如做搜索算法、导购推荐、营销、硬件等，深耕下去，走的弯路多了，对于什么是正确的，自然就有了体会。

这个道理不局限于某一个具体行业，在任一领域也同样适用。

构建自己的投入产出方法论

在方案选型决策时，产品经理可以形成自己的一套投入产出方法论。投入产出有几种：成本 VS 体验；收益 VS 体验；收益 VS 成本。

（1）成本 VS 体验：增加成本为了更好的用户体验，相反，为了降低成本导致用户体验下降。

（2）收益 VS 体验：增加收益降低了部分用户体验，相反，为了提高体验导致收益减少。

（3）收益 VS 成本：增加收益带来的成本增加，相反，为了降低成本带来收益减少。

具体来说，要锚定你的产品是体验、成本、收益哪个优先，不要总是把"用户体验永远第一"的口号挂在嘴上，这个口号放在以收益为目标的商业产品上就是不成立的。

举个例子，为了让商家尽快试用某产品，到市场上验证消费者是否买单，我们需要迅速把现有的产品搭积木，快速上线，虽然产品体验不友好，须借助 BD 手把手教商家走完开通配置流程，但却能让产品快速投入到市场上去使用。在这种情况下，产品经理面临"收益 VS 体验"的抉择，毫无疑问应该选择收益。

构建你自己的产品成本收益模型，判断在当前阶段什么最重要，没有什么完美的平衡，只有做出选择后坚定不移的"产品定力"。

掌握产品定力的人，在实际工作中有两个非常显著的表现：

（1）执行过程不会改来改去。任何没有经过市场验证的，都是不确定的，不要因为今天有人反对就改，也不要因为明天有人支持又改了回去。

产品经理要坚持自己的产品定力,认定方向就尽快去试,没有完美的决定,没有完美的产品,只有经受住市场验证的产品才是有意义的产品。

(2)敢于为自己的决策承担可能带来的风险。开发人员说"上线出问题我不负责",千万不要被这句话吓回去,要大胆地回复"出了问题我负责"。新人产品经理由于没有多少经验,容易被吓回去,不要怕,大胆试错,小心执行,不要忘了用好"灰度""AB 法"这两个互联网的神器。哪有没有风险的事情,有的话也早被别人做了。

产品定力这个词能很好地表达产品经理这个独特人群所需要有的特质。这个特质不是生来就有的,它需要在实践中不断磨炼。天才型的高手,也是经过长年实战磨炼出来的,比如乔布斯 1996 年重回苹果,在 1998 年推出 iMac,这一款产品挽救了苹果公司。这与他长达 23 年(1976 年和友人创办了苹果)在电脑行业的钻研是密不可分的。

后 记

产品设计
——与人性对话的艺术

A FIELD GUIDE TO
P R O D U C T   M A N A G E R

朋友推荐了一个新产品——网易云音乐"一起听"。它的介绍很动人,"和喜欢的人一起听歌是一件浪漫的事,音乐就是有链接灵魂的魔力"。冲着"链接灵魂"这么美好的表达,我有股想去试用的冲动。我邀请朋友跟我一起体验了一下,我们共同的感觉是这款产品在设计细节上很用心,有两人在一起用一副耳机听歌的即视感。

这款产品适合互相喜欢的人、异地的情侣,通过听歌来一次小美好的约会,它有明确的触发点——受情绪触发,由思念到行动;切中了人性——通过共同做一件有仪式感的事情,来缓解思念之情。这特别像学生时代,两个人一起去图书馆,静静地坐在那儿学习,互不打扰,互相陪伴,彼此的灵魂相伴鼓励,反而能使学习效率更高。

被这个小美好所感动,所以我想聊聊关于产品设计和人性的关系。

产品设计,我认为,归根结底要满足人性的诉求。任何成功的产品,都是为了让人性得到释放。人性的本质是追求快乐,避免痛苦。这里的"快乐",是广义上的快乐,它是以"我"为中心的需求满足,套用马斯洛的需求层次模型,从人最基础的需求到高阶的需求满足,包括:

生理需求:食物、性

安全需求:安全、保障

爱与归属需求:情感、群体归属

尊重需求:被认可、肯定

自我实现需求:发挥潜能、实现理想

痛苦,包括精神上的痛苦和肉体上的痛苦。

"一起听",正是满足了人的爱与归属的需求,释放两地的相思之"苦"。我们再以目前当红的几个产品为例,分析它们是在哪些地方打动了人性。

微信的"2.5"个最有锐度的产品——摇一摇、语音聊天、朋友圈

摇一摇:"2.5"中的那个"0.5"就是摇一摇,它是微信的引爆点,使微信的用户增长由线性增长转变为指数级增长。用户只需摇动手机,就可以看到在同一时刻摇动手机的附近的人,为什么当时用户对摇一摇这么热衷?因为这种形式在智能手机刚刚普及之时非常新颖,让用户发现附近有同样心境的人,满足了人的猎奇心理。随后,摇一摇在完成它的使命后,热度逐渐消退,被更新颖的社交软件所替代,如后来的陌陌、Soul等。

语音聊天：在短信 0.1 元 1 条、电话 0.2 元/分钟的时代，微信推出了基于网络的免费语音消息和语音通话的沟通形式，这无疑是一次重大的变革。用户发现原来必须花钱的地方，现在可以免费使用，去除了需要付费的痛苦；同时，其高频、新颖的沟通方式也切中了人的情感归属需求。语音聊天是微信的底盘，它起到了承上启下的作用，上承摇一摇的用户留存，下转随后的朋友圈提频。

朋友圈：满足了人更高阶的被认可、肯定的需求。用户发朋友圈的目的，就是以广播的形式告诉大家"我"的经历，也许"我"的现实生活一团糟，但在朋友圈的世界却是美好的。在朋友圈中获得这个"世界"的认可与肯定，以此获得满足感，对现实世界的"我"也起到正向作用。而访问朋友圈，也满足了人最原始的八卦心理，就像《人类简史》中所说的，"智人区别于动物的地方是，智人拥有了八卦的能力，拥有了虚构事物的能力。"八卦是人最原始的本能之一，访问别人的朋友圈正是让这种本能的窥探欲得到了满足。

抖音、快手视频流

抖音沉浸式视频流推荐：

跟微信的摇一摇相似，抖音用新的形式满足了人的猎奇需求，它通过以"我"的兴趣为中心的推荐，将精选的视频通过中心化的方式推送到人们面前,帮助人们精准筛选自己喜欢的视频,避免了人们自己去搜索的麻烦。

快手以"关系"为中心,满足了群体归属需求:

和抖音不同的是,快手主打的是以"关系"为出发点的视频流推荐,强调群体概念:我们是一群相似的人,这个群体里的视频生产者和我是认识的或者是有共同纽带的。所以,快手的关注视频流是列表式的,因为它强调你要选择看哪个人的视频。因此,在一定程度上,抖音是弱关系的,用户看谁都一样,只要App端推送精彩的内容就行;而快手是强关系的,需要有一定的用户关系沉淀。

任何一个成功的产品,其研发者都是从人性角度去思考,尝试满足人性的某一诉求,去追求快乐——不管需求是低阶的还是高阶的;去避免痛苦——不管是肉体层面的还是精神层面的。

契合人性的产品,才具有持久性

契合人性的产品,不会昙花一现,因为它跟人的情绪密切关联,通过情绪触发,产生行为,源源不断地产生由用户自驱力带来的访问。在此过程中,人的情绪会起到关键作用,而人的情绪多种多样,快乐、悲伤、愤怒、寂寞、彷徨、烦躁等,不同的情绪会触发不同的行为。比如,悲伤难过时,打开网易云音乐,看看评论区的留言来释放一下难过的心情;比如,忙了一天后,在夜深人静的时候,打开淘宝看看直播,听听李佳琦介绍一款"涂上像精灵在嘴巴上跳舞"的口红，很多女生便会情不自禁地下单。整个过程通过对生理的唤醒，触发情绪，进而产生行为。能唤起人的生理本能需求的产品，是最具有生命力和持久性的。

越能满足上层的需求，越无法轻易被替代

由低到高，从生理需求、安全需求、爱与归属需求、尊重需求到自我实现需求，越是低阶的需求，越容易被替代，就像用户在美团点餐和在饿了么点餐一样，用习惯哪个软件就用哪个。而越是高阶的需求，比如爱与归属需求、尊重需求，越能形成壁垒，就像在微信、快手上建立的以"关系"为纽带的情感归属需求。这也是为什么抖音急于推出"多闪"，并在主标签处增加了"朋友"，原因就在于没有归属的地方，用户随时可能会流向别处。

正因为人性，产品创新变革将永无止境

人的欲望是无穷无尽的，这就意味着，会不断有新的产品替代旧的产品，创新变革将永无止境。这也是为什么没有一款永久受用户喜爱的游戏，因为用户征服了这款游戏后，再玩就没有任何快感了，自然而然会寻找新的替代物。新产品层出不穷，今天你赢，明天我赢，没有屹立不倒的产品。产品经理应抱着开放的心态，用敏锐的眼睛观察这个世界。与其畏惧变化，不如主动创造变化。

体察人性的"度",善良比聪明更重要

体察人性,通过产品去满足人性的诉求,而不是滥用人性去"作恶"。就像亚马逊创始人贝佐斯说的:"善良比聪明更重要。"聪明是天赋,而善良是一种选择,选择权在每个产品设计者的手中。让人从空虚变得充实,让人从悲伤中走出来,让人从压抑变得晴朗,甚至让人变得更富有,这就是产品的立命之本。只有能让人变得更好的产品,才更持久。

产品设计,正是与人性对话的艺术。